信念再思叢書

十個關乎神的謊言

呂德夏 著
張光照 譯

基道出版社

▼

信念再思叢書

十個關乎神的謊言

Ten Lies About God

作者
呂德夏 Erwin W. Lutzer

翻譯
張光照

執行編輯
李慧儀

內文設計
郭曉勤

封面設計
陳琦

■

出版／發行
基道出版社
香港沙田火炭坳背灣街26號富騰工業中心1011室
LOGOS PUBLISHERS
Unit 1011, Fo Tan Ind. Centre, 26 Au Pui Wan St., Shatin, Hong Kong
電話：(852) 2687-0331　傳真：(852) 2687-0281
網址：http://www.logos.com.hk

承印
海洋印務有限公司

●

12/2003初版
Cat. No. LP221A
ISBN-10: 962-457-250-X
ISBN-13: 978-962-457-250-6

Printed in Hong Kong

刷次	12	11	10	9	8	7	6	5	4	3
年份	2023	2022	2021	2020	2019	2018	2017	2016	2015	2014

序

由我心到你心

當約沙法王以寡敵眾地面對一支聯合大軍的時候，他知道惟一的希望只能從神而來。在絕望中他禱告：「我們的神啊，你不懲罰他們嗎？因為我們無力抵擋這來攻擊我們的大軍，我們也不知道怎樣行，**我們的眼目單仰望你**。」(代下二十12) 他知道我們最大的需要是要時常看到神。我們對祂的視野愈清晰的話，我們信靠、服從和敬拜的驅動力就愈更迫切。陶恕 (A. W. Tozer) 說得對：「我們怎樣相信神是關乎我們的最重要的事。」

但是，我們應該相信一個怎樣的神呢？

雖然民意調查顯示，有百分之九十二的美國人相信神，但他們心目中的並不是聖經裏面的神。根據記者史登巴 (Chris Stamper) 所說：「他們信的神祇愈來愈不像那位獨一真神，反而愈來愈像一個從後現代餐室、用菜盤端出來的、自助式的福音明星。」[1] 這一代已經厭棄了相信一位超然的神，因為祂可以搞亂我們的生命，改變我們的優先次序，更會強迫我們處理那可怕的家伙——**罪**。

我們這一代寧願選擇購買一種攙雜著基督教信仰的零碎、科學派 (Scientology)、佛教和任何可以從個人體驗中獲得的信仰，來滿足其屬靈的需要。因此，雖然絕大多數人繼續說他們相信神，但他們關乎神的概念就如商場裏的貨品種類般多樣化。尼采說得對：「當人宣布神的死亡後，像雨滴般的神祇隨著出現，每一個人只敬拜自己所選擇的神祇。」

在更廣闊的學術圈中，我們還要與後現代主義角力。後現代主義宣稱，神這個概念只是一個社會製成品，並不由外在的實際經歷所確定；而是一個個體或一羣個體為他們自己所決定的。事實上，無論在宗教上或其他方面，都實在沒有一種必須要被發現的真理；真理只能「被製造」出來。現代的社會完全不相信任何客觀的理由，他們反而宣稱：「在我意念中的就是所有的存在物；我所想象的是『真』的，**只因為我思想它們**。」

由於風俗文化的轉形，這種趨勢是可以理解的。但最可悲的是，這樣歪曲了的神的概念亦存在於自稱為教會的裏面。聖經作者交給我們關乎神壯麗的異象已經大量流失了。取而代之的是強調「觀感的需要」和「健康與財富」。更差的是，很多喜歡被認同是福音派的人都否定神知道未來，或我們的救恩只藉基督而來。很多教會人士對神的理解不單起源於聖經，也源於流行文化。他們不會徹底地否定基督教教義，但為著使它附合現代「感覺至上」的多元主義宗教而將它改頭換面。

作家葛尼斯(Os Guinness)這樣寫道：「簡單地說，我們這世代的一個病態是：我們有一個強健的身體，但腦袋是鬆散的，靈魂是空洞的；就像一個吃飽飯只會打盹、懶得起來接電話的人，我們發覺自己不願意接受應超越這世代的挑戰。」[2] 如果基督的教會能夠被喚醒，留心神的聲音，可能會令我們整個放縱的文化清醒過來，再一次注意本身道德和靈性上的病態。但首先要由一些好像我們這些願意回轉到聖經所描述的神的人開始，而且要不被魯益師(C. S. Lewis)所稱為「基督教教義與水」的謬論同化。這謬論是說天上有一位好神，所以我們不必擔心那些難以接受的教義，如罪、地獄和救贖。

再者，我在這本書揭露的謊言，不單在流行文化中猖獗，在自稱為教會的裏面也是一樣。雖然，我已洞悉了這些騙局，我或其他作者顯然都沒有講盡所有關乎神的話。其實，這一個研究令我謙卑，因為我愈認識神，我愈知道我有更多須要明白的地方。重複地研究聖經令我深深地感受到，祂的道是深不可測的。盡我們這些凡人的力量去探索神的特性，實在是思想和心靈上最高層次的追求。我已經踏上了這樣的旅程，希望你也一同參與。

我是以三個深層的信念來寫這本書的。

首先，**我們對神的認識必須只從聖經得來，而不是取自個人的嗜好或經驗**。當然，我不認為我們可以完全脫離風俗文化的影響。但我們應盡可能不要聖經說我們想聽的話，而是應該聽聖經真正所說的話。我們會很快發現，聖經的神與其他與之相爭的神祇有著顯著的不同。這位神和其他的偶像有著天淵之別。

像大家一樣，我也面對拜偶像的危機，或者說，是被引誘用自己的意慾和經驗去製造一個神。社會科學家告訴我們，有強力的證據證明，每一個風俗文化都會創造自己的神祇。事實上，這些神祇往往不能自風俗文化本身分別出來。農耕的民族發展出太陽和雨水的神祇；海洋的民族崇拜海洋和月亮的神祇。因為沉迷於消費主義和享樂，美國人創造了一個能夠容忍我們的生活方式、讓我們掌權及事奉我們、幫助我們達成我們的潛力的神。它是一個「聽我們話」的神。

我確信，沒有人敢創造一個如聖經裏那個聖潔超凡的神。這位有主權的神發掘出藏在我們內心深處的思想，告訴我們必須悔改及命令我們除清一切自我尊榮來敬拜祂。我們將在下面的十章中看到，這位神已從天上顯現了。我們的功課是依照祂向我們所顯現的去明白祂，不是我們認為祂是應該怎樣。

我的第二個信念是，**我們愈能看清楚神，我們就愈會看清楚自己**。加爾文(Calvin)說得對，他說沒有人能夠認識自己，除非他先認識了神。在全能者面前，量度我們良心的尺終於顯現了。然後，我們要快快承認，就像我們先聖所說：「禍哉！我滅亡了！因為我是嘴唇不潔的人，又住在嘴唇不潔的民中，又因我眼見大君王萬軍之耶和華。」(賽六5)感謝神，祂沒有讓我們滅亡，反而以祂的慈愛和恩典醫治我們。

裝備了這種自知之明的知識，我們更能準備妥善，依照永恆的價值去安排我們的生命。我們內在的紛擾會讓位予那因著知道被創造的原因而得到的平安。我們對神的追求深遠地影響我們生命的每一個層面。正如約沙法王所說：「我們的眼目單仰望你」，我們可以用同樣的信心去面對生命，甚至面對悲劇。

第三，**我們愈認識神，我們就愈能熱烈地敬拜祂**。當約伯知道他的十個兒子死在風暴中，他尋求神的幫助和敬拜祂。我們要注意，這時的約伯仍走在他的靈命路程中，不清楚這件事為甚麼會發生。但我們仍然可以讀到：

> 約伯便起來，撕裂外袍，剃了頭，伏在地上下拜，說：
> 「我赤身出於母胎，
> 也必赤身歸回；
> 賞賜的是耶和華，
> 收取的也是耶和華。
> 耶和華的名是應當稱頌的。」
>
> （伯一20~21）

約伯學習到在毫無解釋中仍敬拜神。雖然未能探測到神的心意，未能知道神大計劃中每一個細節的奧祕，約伯知道，在不可思議的神面前，他的位置只是在地上，他不得不信靠神。

我在這本書中並不假裝可以回答全部有關神的問題。事實上，我只提出一些讀者們可能從未思想過的議題。無論我們能見到神多少的榮光和主權，我們也應該敬拜祂！我同意斯托得 (John Stott) 所說：「只以純學術性去理解神，是一種基本的缺點。神不是一個人們以冷靜的、評論性的、片面的，科學觀察的和評價的合適對象。不，對神的認識只會帶領人去敬拜祂……我們的地位只能是俯伏在祂面前，敬愛祂。」[3]

是的，我們的心願是「俯伏在祂面前，敬愛祂」。所以在每一章的結尾，我加上了一些個人的回應，希望可以鼓勵你表達你對祂的虔敬。我邀請你加入，一同喜樂地獻上崇拜及敬畏的祭。我祈求你會像我所經歷的一樣，仔細地默想那位偉大而憐憫的神。

請加入我的行列，踏上專為探索神奧祕而設的旅程，一條鼓勵我們與約伯就位，俯伏地上，仰起心靈敬拜的旅程。

呂德夏（Erwin W. Lutzer）

註：

1. Chris Stamper, "Religious Cafeteria and Other Cultural Buzz"，載於*World Magazine*, 5 December 1998, 30。
2. Os Guinness語，見 Blaise Pascal, *The Mind on Fire* (Portland, Ore.: Multnomah Press, 1989), p.28。
3. John R. Stott, *Romans: God's Great News for the World* (Downers Grove, Ill.: InterVarsity Press, 1994), p.312.

目錄

謊言一

神可以尊隨你意

凌列特（Art Linkletter）看見一個小男孩在紙上亂塗，他問道：「你在畫甚麼呀？」

「我在畫神的樣子。」

「不可能吧，沒有人知道神是甚麼樣子的。」

小男孩自信地回答：「當我畫完的時候，他們就會知道啦。」

神真正的形像是怎樣的？我們可以畫一幅神的肖像嗎？

無論我們是否願意承認，我們生出來就是要尋找意義，造出來就是要渴求靈命；在這些渴望的背後，我們要尋找神。在西敏（Carly Simon）的一首歌中，主人翁由劍橋的校舍開始追索他的靈命歷程，一直到鄉間的生活，最後只能如此結論：

你開了間書店，
你娶了個老婆，
衫袖補了護罩，
過舒適的生活。
但你真的滿足嗎？

是你所尋找的嗎？
你內心深處是否覺得，
可能有更多一點呢？[1]

是的，我們都會希望「更多一點」。世世代代的偉人都相信，人類只能從尋找神當中才可以體驗到那「更多一點」。十七世紀的史可高(Henry Scougal)這樣寫道：「人的靈魂裏有一種激烈的、不可消滅的渴望。一個疲倦的靈魂在未能放棄所有的財產及將自己擺在他的掌權者前，沒有可能明白實在的喜樂和真正的樂趣。」[2]**一種激烈的、不可消滅的渴望**！

同世紀的思想家巴斯加(Blaise Pascal)亦與那些知道只有神才可以滿足人心的人和應。他說，人無果效地嘗試用周圍的環境去填滿心靈的空虛：「所以他虛空地搜尋，但找不到甚麼可以幫助他；只能看到那位無限和不變者才可以填滿無底的深淵。換句話說，人的心靈只能由神自己才能填滿。」[3]

早幾個世紀的奧古斯丁(Augustine)也這樣對神說：「祢的思念深深地打動他的心，令他感到除了歌頌祢，他不會感到滿足。因祢為自己創造了我們；除了安息在祢那裏，我們的心找不到平安。」[4]這是用他自己的體驗寫出來的。由於他母親的禱告和他對聖經的學習，奧古斯丁，一個無道德、不知悔改的罪人，被徹底地改變了。他在神裏面發現了解釋內心的紛擾的答案。

或者詩篇對這種「激烈的渴望」有最動人的描述：「神啊，我的心切慕你，如鹿切慕溪水」(詩四十二1)；「神啊，你是我的神，我要切切地尋求你，在乾旱疲乏無水之地，我渴想你；我的心切慕你」(詩六十三1)。

人類常常尋找神，但在這個多元主義的世代，我們應該問，我們尋找哪一位神？我們在哪裏找到祂？我們怎能知道我們已經找到祂？

從神到偶像

「我相信神」這句話可能是今天我們所說最無意義的話之一。「神」這個字已經變成一塊隨我們每人意願而繪上神的形像的畫布；就像那個小男孩在桌前亂塗一樣，我們可以用各人歡喜的規格繪畫神。對一些人來說，祂是一種「超然力量」，對另一些人來說，祂是一種「任何比我強的東西」，或者是一種「可以帶我們到更深意識的內在力量」。說「我相信神」的意思可能等於我們在全身鏡前看自己一樣。

那麼我們應該怎樣開始我們尋找神的旅程呢？

瑞士神學家巴特(Carl Barth)說得對，認識神的途徑只有兩條：一是由人開始，向上理解；另一條是由神開始，並接受祂向我們的啟示。

暫時讓我們先從人開始，向上理解。我們會發現一些關乎神但卻毫無價值的概念：從人心所建造出來的構想；由人思維中未成熟的願望製造出來的偶像的形像。麥高樂(Donald McCullough)這樣寫道：「當真實的故事被宣講的時候，無論是歷史片面的光，或者是永恆中的真光，都會將二十世紀教會最敗壞的罪顯露出來：就是將神平庸化……

我們寧願見到一個比較安全的神祇，所以我們將神削減至更容易『搞得佢掂』(處理得到)。」[5]

「將神平庸化」！一個「安全的神祇」！一個「搞得佢掂」的神！多震驚的指控。不過，請繼續讀下去。

每當我們從人開始，向上理解的時候，我們就製造出一個偶像。我們的誘惑是將一些完全錯誤的意思，或把神縮小的觀念引進我們的腦中。拜偶像不單是指在金像或銀像面前跳舞，更是在心理上製造一個神祇的觀念，而這個神祇與活生生的神只有很少相同點。拜偶像就是尊敬我們自己對神的意見，這個神是照我們形像造出來的。拜偶像是依著我們的意願和喜好創出神的概念，是將神削減到更容易「搞得佢掂」。

在舊約聖經，詩篇的作者將偶像和他從個人的啟示中所認識的神作出如下的對比，請留意不同的地方：

然而，我們的神在天上，
都隨自己的意旨行事。
他們的偶像是金的，銀的，
是人手所造的，
有口卻不能言，
有眼卻不能看，
有耳卻不能聽，
有鼻卻不能聞，
有手卻不能摸，
有腳卻不能走，

有喉嚨也不能出聲。

造他的要和他一樣；

凡靠他的也要如此。

(詩一一五3～8)

我們偏愛自己創造出來關乎神的概念是有很多原因的。以色列人做金牛犢是因為他們對摩西流連在山上變得不耐煩。遲延使他們神經緊張。他們想知道摩西是否會回來：「因為領我們出埃及地的那個摩西，我們不知道他遭了甚麼事。」(出三十二1) 神好像是那麼遙遠及無關痛癢，所以他們找尋一個更在場的、更實在的神。他們開創新風氣，做了一隻他們能夠看得到、摸得到、可以攜帶的牛犢，一個「搞得佢掂」的神。

這是今天我們有這麼多「神如偶像」的觀念的第一個原因：我們對祂在這混亂的世代中的沉默缺乏了耐性。麥高樂引用年少喪父的報紙專欄作家畢斯達 (Russell Baxter) 所說的：「自此，我再沒有為任何真正的罪疚感而哭泣，亦不再期望從任何人的神裏得到甚麼，因為所得的只是漠不關心。」[6] 我們會覺得，如果神是全能的話，祂應該終止世界上的一切苦難，所以我們建造一個和我們容忍邪惡有同樣理由的神：祂能夠為這事做的實在很少。否則，我們會離開現實，說邪惡並不存在。

讓我們誠實地承認，愈來愈多美國人認為教會是風馬牛不相及的。這意思是說，基督徒的神是風馬牛不相及的。更多人認為，聖經裏的神有排外性，祂看來要求十分多，以致當你一旦結識祂的時候，祂就會提到「罪的問題」。因為我們憎惡這種侵擾，我們寧可要一個我們處理得到的神，不要一個全能的神；要一個包容的神，可以幫助我們完全達成人類的潛力。

因此，拜偶像的第二個推動力是，我們要求一個對我們更容忍、更少要求、更少審判的神。當我一個朋友離開他的妻子與另一個女人同居的時候，他遠離他的教會朋友，到酒吧和運動場所找尋新朋友。他與一班能接受他的選擇、不判斷他的朋友一起時感到好受一點。他希望聽到的是對他「有勇氣離開妻子」的認同說話，而不是任何怪責的說話。同樣，我們要一個不會搞亂我們生活重點的神。

對個人主義的委身令我們拜偶像的性格火上加油。滋養在消費主義中的美國人會在靈命自助餐中「選購神」，企圖找尋一個適合他們胃口的神祇。這種自助餐室的形像很重要：當我照自己的口味選擇頭盤的時候，我仍是自己作主的。我可以照我母親的意思選擇，但我也可以不這樣做。最重要的，這是我依**自己**的喜好選擇美食，而任何的選擇並不比其他的好。我不會批評排在我前面的人所選完全不同的菜單。所以，我用我所選擇的，構想出一個完全適合我的神。由於自助餐有那麼多的選擇，任何形式的信仰也是可能的。數以百萬計的美國人會同意潘恩（Thomas Paine）所說：「我的腦海就是我的教會」。

當然，這種思想性偶像崇拜（mental idolatry）並不是新現象。很多世紀以前，亞薩記錄神的說話：「你行了這些事，我還閉口不言，你想我恰和你一樣；其實我要責備你，將這些事擺在你眼前。」(詩五十21) 真的，甚至今日，神在我們心中還是如此的。

拜偶像的本質其實就是對神持有一個錯誤的概念。當我們用自己的幻想建造出一個關乎神的概念時，這種心靈的偶像跟手做的偶像一樣差。先知以西結對這些拜偶像的人發出這樣有洞察力的信息：「耶和華的話就臨到我說：『人子啊，這些人已**將他們的假神接到心裏**，把陷於罪的絆腳石放在面前。』」(結十四2～3)「他們心中的假神」！「他們面前的絆腳石」！難怪加爾文說，人的腦袋是最大的偶像工廠！

請與我們一同探索我們關乎神的概念會怎樣影響我們的思考方式、敬拜方式和生活方式。我確信，如果我們有一個開放的思維，我們的調查研究會改變我們對神的看法，也必會改變我們對自己的看法。這樣，我們會被帶領著盡心地尋找真正的神。

讓我們瀏覽一下現代文化中的一些偶像。讓我們嘗試體會一下用我們的慾望和興趣去建造一個關乎神的概念是多麼大的誘惑。

毀壞的偶像

當然，一些關乎神的現代概念並不完全是錯誤的，只不過是扭曲了；另一些則與事實有天淵之別。當我們假定我們可以從人開始建造一個神的概念時，亦即是「從底向上」，甚麼都是可能的。我們甚至可以一手拿著聖經，一手拿著自己的議程來建造一個神。

在《將神平庸化》(*The Trivialization of God*)這本書內，麥高樂舉了幾個例子，證明人類怎樣以自己的喜好重新闡釋神的觀念。我選了他三個的描述，另外加上我自己的。雖然這些形像有點像是根據聖經，但其實差不多完全是取自人心的慾望和傾向。

我的健康財富之神

我們被成功、金錢、閒暇所佔據，因此我們不該為西方有一個特別的神在這幾十年出現而感到驚奇。這種神的概念被聲稱是取自聖經，但它反映出美國資本主義多於對聖經經文嚴肅的探討。這一個神變成了我們的經濟顧問、我們的自動櫃員機、我們的諮詢者。高佩南牧師(Kenneth Copeland)的太太歌莉亞(Gloria Copeland)這樣寫道：「神的話語啟示，神對忠心的信徒的旨意不包括缺乏和貧窮……讓聖靈向你的靈魂餵養真理，直至你全無懷疑地知道，神的旨意就是富足。」[7]她所說的不是靈命上的富足，而是鑽石、寶馬跑車和新房子。

這樣的福音不可能在早期的羅馬，或者是現代的海地、白俄羅斯或安哥拉被傳揚。要令那些教會殉道者相信，健康和富足是神給他們的權利，真是十分困難；他們只要能逃出獅子的口或劊子手的劍，他們就會滿足於貧窮。

不，「我的健康財富之神」只是西方的神、資本主義的神、消費者主義的神。聖經被正確地解釋時，是傳揚給所有的文化的；我們所說關於神的事必須在戰爭及和平、貧窮及健康、生命中及死亡中都同樣真實。「我的健康財富之神」也許據稱是出自聖經，但它是一種扭曲了的解釋；其足迹過處令千萬人感到失望。

我們怎能相信一個這樣的神？耶穌說：「狐狸有洞，天空的飛鳥有窩，人子卻沒有枕頭的地方」(太八20)；保羅在獄中亦說：「我並不是因缺乏說這話；我無論在甚麼景況都可以知足，這是我已經學會了」(腓四11)。

我的情感需要之神

在我們這種講求治療的文化中，每個人都被視為是在復元中或在否認自己需要接受治療。我們將聖經的語言變換成**現代心理學**的語言。[8]罪被重新定義為是缺乏自信。認識神是我們最大的目標這一種信念已經消失了。我們神學議程的第一件事是認識我們自己和我們需要自尊。八○年代的蕭律柏牧師(Robert Schuller)寫道：「我們需要的是一種救恩神學，從開始到末了都確認每一個人對榮耀的渴求。」依照這種概念，神不再是被觸怒了的審判者，而是一個等候機會維持我們尊嚴的僕人。蕭律柏還加上：「福音書的信息不單止錯誤，如果先要將一個人打低然後才想辦法救他上來，就存有很大的危機。」[9]很可悲，這種思想不單已經成為我們文化的一部分，而且在教會裏生存得挺好的。

更廣泛的文化顯示，如果我能夠出席一個訪談節目(talk show)，並將自己最內心的祕密向世界暴露出來的話，我就會得到幫助和醫治。我會有十五分鐘的知名度，也可以澄清是非。如果神是值得我留意祂的話，祂的存在就是要無條件地給我應有的接納。事實上，祂的工作就是確定我的身分。我最大的需要不是悔改，而是對我真正的和獨特的性格感到滿意。一個著名的歷史學家夏侯頓倫(Joseph Haroutunian)這樣評論：「從前，宗教以神為中心。從前，任何不能促進神的榮耀的事都算作是邪惡的。現在，任何不能促進人快樂的事，都算為是邪惡的、不公正的和不可能的，並將責任歸咎於神……從前，人生存是為了榮耀神，現在，神生存是為了服事人。」[10]

在美國，社會學家沃斯諾爾(Robert Wuthnow)指出，靈性「的好處再不是因為它達到真和善的絕對標準，而是因為它幫助我可以在世界與人相處。它的價值是由我去判斷的。」[11] 換句話說，神**服事我**，因祂是我的偉大宇宙治療師。

這些說法都有一定的真實性。基督的確承諾平安，但那不是脫離苦難的平安，也不是一種沒有爭鬥的平安。甚至在今日，很多基督的門徒仍然被壓迫，甚至為主殉道。祂的承諾是祂會與我們同在，並不是說我們的生命完全沒有痛苦。祂來是為了背負我們的悲傷和痛苦。但當我感情上得到接納的需要，比我靈命上得到稱義的需要變得更重要的時候；當神不能滿足我的願望的時候；當我找尋個人的滿足感，比敬拜我的創造主更多的時候——我忘記了我生存是為了祂的榮耀，不是為了我的榮耀。

我們怎可能在耶穌話語的亮光下，將神降格至一個用來安靜心境的食譜？

你們不要想我來是叫地上太平；我來並不是叫地

上太平，乃是叫地上動刀兵。因為我來是叫
人與父親生疏，
女兒與母親生疏，
媳婦與婆婆生疏。
人的仇敵就是自己家裏的人。

（太十34～36節）

我的性別之神

極端的女權主義者嘗試依照她們的慾望和愛好改變神。她們的論點是這樣：神在聖經裏是由男性代表的，男性壓制女性，所以聖經的模式應為這些壓制負責。只要神還是男性及被看作是我們的「父親」，我們會默默地贊同男性的支配權。簡單地說：如果神是男性，男性就是神。

為了要洗去這種形像，我們必須將神重新定為女性，以至我們有一個與女權運動相符的神祇。所以堪稱最傑出的女權作家露靄德（Rosemary Radford Ruether），將她的神定形為「最初的母親（the Primal Matrix），是那生產所有的東西、神與人、天與地、人類與非人類的物體的偉大子宮。」[12]一些教派現在使用的金句集、聖詩集和聖經都採用一些取消了神是男性的「包容」文字。當「王帝」一詞被用來形容神的時候，他們會加上「王后」；神被稱作天父的地方，會被譯為「父母親」，或者只稱為「母親」。因此聖經為了要符合女權主義的議程而被重新再寫。

我們應該承認，很多男人虐待女人；男性曾經濫用他們的權力，將自己的需要擺在頭位。女性在教會及工作的地方經常被不公平地歧視。但我們是否為著要處理這些憂慮就將神改變呢？

顯然，聖經內的神是沒有性別的。被造物才有性別，但創造者沒有。無論我們是否喜歡，神選擇了用男性的語言去顯現祂自己。原因有很多，其中之一是聖經要保持創造者和被造物之間明顯的區分。任何嘗試將神改為女性的結果只淪為泛神主義的概念；當中神變為「她養育」的創造物之一。回想幾年前在明尼亞波利斯市舉行的「改變形像」(Re-imaging) 會議。出席會議的參加者不尊崇耶穌，而尊崇女神蘇菲亞(一個表明我們怎樣「從底向上」將神重新下定義的例子)。在一個跟進的研討會中，參加者發覺當女性展示她們的內心時，女神就浮現出來了。他們這樣禱告：「噯，蘇菲亞，夢想那異象，分享那深藏在內心的智慧。」[13]這是一個**被**女人(by women)及**為**女人(for women)創造出來的神祇。

其次，神在婚姻中將男性定作「頭」來表明基督與教會的關係。丈夫對妻子要像基督一樣地履行他服事及領導責任。妻子也應該像教會一樣地生活在丈夫的權力之下。正如這模式，神在聖經中是用男性作為代表。

總括來說，社會必須尋找方法處理女人被虐待的情況，而不是將聖經重寫。當耶穌確定神造男造女(太十九4)，並且神是天父時，我們怎能相信「我的性別之神」呢？

「父不審判甚麼人，乃將審判的事全交與子，叫人都尊敬子如同尊敬父一樣。不尊敬子的，就是不尊敬差子來的父。」(約五22～23)一個相關的版本是，「我的性取向之神」的神學。這種觀念是，無論我的性生活是甚麼模式，神都會贊同。「同性戀神學」的文章愈來愈多。同性戀者將聖經重新詮釋去證明同性戀關係是正當的。他們敬拜神，亦確信他們的性取向對祂無任何後果。例如聯合循道衛理會的舍理（Paul Sherry）力勸他的教區接納男和女同性戀者可以完全參與教會一切事工。他說那些反對的人應該「用新眼睛再讀聖經，用新的耳朵聆聽聖靈。」[14] 這種新看法的原因淺而易見，就是要重新詮釋聖經，使它與同性戀的生活模式和諧共存。

我們也承認，同性戀者被教會的好戰者深深地傷害過。他們被特別挑出來作譴責的對象，好像其他的罪都是無關痛癢的。因為他們的傷痛，一些人重新解釋聖經，令神贊成他們的性取向。但這是解決他們的顧慮的最好辦法嗎？學習聖經不單止譴責同性戀，而且還教導有關神的恩典、憐憫和能力，不是更為有幫助嗎？

當耶穌維護舊約嚴厲的律法時，我們怎能接受「我的性取向之神」呢？「所以，無論何人廢掉這誡命中最小的一條，又教訓人這樣做，他在天國要稱為最小的。但無論何人遵行這誡命，又教訓人遵行，他在天國要稱為大的。」（太五19）

我的個人自證之神

這些和其他誤解的中心是一個更深層的信念，就是「我的個人自證之神」的神學。沃許（Neale Donald Walsch）寫的書《與神對話》（*Conversation with God*）就是一個例子。據說沃許從神那裏得到解答他的問題的答案。真的，沃許宣稱，當他寫這本書時，他不是寫的（writing），而是讀默的（dictating）。

神「說」甚麼？我們要拋棄一切有權威的來源，因為真理只藉我們的情感臨到我們。沃許的神嘲弄這種概念：他(或她或它)只是一個回應一些禱告，但卻不回應另一些禱告的全能者。直接引述「神」所說：「你給你自己的旨意，就是神給你的旨意。你可以用你喜歡的方式過你的生活；我沒有任何偏愛。你會有這種壯麗的幻覺：無論你做甚麼，神都理會。其實我不在乎你做甚麼。這樣的說話是你很難聽得入耳的。」[15]

依照沃許所說，神要我們不從有權威的來源當中找尋「關乎神的真理」。反而，神說「聆聽你的感覺。聆聽你最高的思想，聆聽你的經驗。當這些與你的老師告訴你的，或者你從書本讀到的有分別的時候，忘記那些話語。話語是真理的最小供應商。」不過沃許並不能確定我們怎樣分辨我們最高的思想和較低的思想。由於他的神再一次地說：「沒有對或錯、好或壞、較好或較壞這一回事」，事情更加複雜起來。如果神說：「只有服事你的，或不服事你的」，我們或者會找到答案。這表示我們最高的思想就是那些最能服事**我們**的。不會錯啦，我們就是我們最好的權威。[16]

撇開不提「神不用字句而用情感說話」的矛盾(明顯地神用話語向作者啟示，且是長達幾百頁的字句！)，我們必須問：為甚麼這個神完全贊同我們所有的生活方式、信仰和價值觀？沒有人會驚奇，這個神就是完全依照我們對他／她／它所希望的一樣。這個神不為罪下定義、不會責備、不會審判。實在的，沒有對或錯！畢竟，在一個沒有超凡的神的世界，罪惡這個字只是空洞無意義的。沃許的神完全被馴化了；好像一些人說，我們養牛是為了要奶，養羊是為了要毛，要神是為了要給我們持續的肯定和接納。

在以賽亞警告的亮光下，我們怎可以接受「我的個人自證之神」?「禍哉！那些稱惡為善，稱善為惡，以暗為光，以光為暗，以苦為甜，以甜為苦的人。禍哉！那些自以為有智慧，自看為通達的人。」(賽五20～21節) 我們可以加上一句：「禍哉！那些在鏡子中看見自己就說是看到神的人！」

我的近死經驗之神

伊娣 (Betty Eadie) 代表那一羣聲稱從一種臨近死亡經驗中知道神是怎樣的人。在她寫的書《我有死亡經驗》(*Embraced by the Light*) 中，她形容在生與死的不分明地帶與耶穌會面；她甚至將這本書獻給祂。她說她知道死後並沒有審判，只是快樂地進入一個應該形容為每一個人都是好人的國度。她喚醒我們每個人要進入豐饒土地的希望，不可有異議。[17] 我們亦會獲悉世界並不像很多人所想像那樣充滿悲劇，因為人類畢竟並不是有罪的動物。

當耶穌預言所有的死人會復活，而「行善的，復活得生；作惡的，復活定罪」(約五29)，我們又怎能相信那近死經驗的不審判之神呢？

好像伊娣的構思在很多書本中都會找到，如《天堂的預言》(*The Celestine Prophecy*) 和《回到愛》(*A Return to Love*)。它們有一些共通的主題：當我遇到神的時候，我遇到的是一個不明的個體，它愛我，肯定我是我。我是神的共同創造者，我是神的一部分。罪惡只是虛幻的。我們都正走在進化改變的路途中。這些泛神論的概念將我們與古代大師連接上。結果，神只是凡幫助我完成我的潛能的任何東西。這些書籍將宗教壓低至一種治療法。研究神和研究我自己也差不多。

惠頓學院(Wheaton College)的英文教授雅各斯(Alan Jacobs)指出，我們傾向這種信念，是因為我們天生就希望尋找「神對我們所有的渴望都有極大的贊同」。[18] 因此，我們對著深谷向神大叫，祂對我們的啟示其實只是我們自己的回音。

聽聽耶利米這樣有隱義地描述這種偶像：「它好像棕樹，是鏇成的，不能說話，不能行走，必須有人抬著。你們不要怕；它不能降禍，也無力降福。」(耶十5) 這段經文明顯地指出偶像的兩種性質。第一，它們必須有人抬著——一個偶像容許我仍然作為我生命的中心，而我的忠誠永遠只受我的控制。第二，我可以依照我的意思將我的偶像造出來。你的偶像可以有別於我的。我怎樣做它，它就是怎樣的。我可以將神祕、幻術和從我思維產生的意思全部入它的帳。最後的結果是，因為我製造了現實，所以我就是自己的神。

當我們「從底向上」建造神的概念時，我們當然必須不顧任何真理的聲言。畢竟，你所建造的神可以完全與我的不同。希特勒有他的神，你有你的。這種新「信仰」的追隨者可以繼續成功地以不同的渴求製造出無數的神祇。二十年前我們聽過，「想做就做」。現在會是「**想信就信**」。

魯益師比其他人更準確地指出，「泛神論主義者的神不做甚麼，不要求甚麼。祂只是像書架上的一本書，你要祂的時候祂就出現。祂不會追趕你。」[19] 聖經指導我們，神照祂的形像創造人；現在，人在嘗試回報這樣的恩寵。無怪乎我們讀到那些拜偶像的人是這樣的：「他們眼中不怕神」(羅三18)。

一個捉迷藏的神

當神對摩西講話的時候，祂說：「我是自有永有的。」(出三14) 我們可以這樣意譯：「我就是我，我不是隨你意的。」如果我們停止嘗試「從底向上」地建造神的形像，而去接受祂自己的啟示，我們會發現一位莊嚴的、奧祕的、聖潔的和憐憫的神。我們找到這一位能解我們「激烈的渴望」者，而我們不怕說我們找到了真理。

嚴肅地研究聖經裏的神是反文化風俗的。祂與現今的靈命自助餐裏提供的所有選擇有著尖銳的對比。要完全依照聖經就是要引起爭論：那是要向形成世世代代文化風俗的幻象挑戰。這更是要面對一個找到我們就不離棄我們的神。

無論我們多勤勉地研讀聖經，我們對神的認識仍然是片面的——不是錯誤，只是**片面**。我愈研讀聖經及其他的寫作，我就愈堅信我們不知道神的地方比我們知道的更多。

用一刻去默想：如果祂的存在充滿全宇宙，祂的知識是否也分散到整個宇宙？在祂是否時常思想著所有存在於祂心裏面的思想的？既然祂對祂的宇宙中發生的事又怒又愛，祂會怎樣去「應付」這不同的情緒？祂的感受又是否同時間遍及整個宇宙？你大可以加上你自己的問題。我們的挑戰，亦是我們只可能做的，是「跟隨祂、思想祂的意念」。

我們是照神的形像被創造，但不是完全照祂相同的形像造的。「我們如今彷彿對著鏡子觀看，模糊不清，到那時就要面對面了。我如今所知道的有限，到那時就全知道，如同主知道我一樣。」(林前十三12) 我們對那「廣闊未知的事」只有那驚鴻一瞥。約翰衛斯理 (John Wesley) 說得對：「給我一條可以明白人的蟲，我就會給你一個可以明白三一真神的人。」

瑣法在約伯的痛苦中這樣問他：

你考察就能測透神嗎？
你豈能盡情測透全能者嗎？
他的智慧高於天，你還能做甚麼？
深於陰間，你還能知道甚麼？
其量比地長，比海寬。

(伯十一7～9節)

要徹底明白神的奧祕是生命中最有賞賜的探求。

躲藏的神

以賽亞寫道：「救主——以色列的神啊，你實在是自隱的神。」(賽四十五15) 馬丁路德說甚至當神顯示祂自己的時候，祂仍然是躲起來的，這也說得對。但感謝神，祂亦是一個在我們附近的神。

因為那至高至上、永遠長存、
名為聖者的如此說：
「我住在至高至聖的所在，
也與心靈痛悔謙卑的人同居；
要使謙卑人的靈甦醒，
也使痛悔人的心甦醒。」

(賽五十七15)

在這段經文，以賽亞描寫神的超凡性(在宇宙中的偉大)和祂的普遍存在性(祂在我們附近)。另一個先知記錄神問道：「我豈為近處的神呢？不也為遠處的神嗎？……人豈能在隱密處藏身，使我看不見他呢？……我豈不充滿天地嗎？」(耶二十三23～24)一個在附近的偶像只能佔有它所需的空間。只有神才可以在附近，卻也完全充滿整個宇宙。

我們很難完全體會到神的超凡性。試這麼想：光每秒鐘行走十八萬六千英哩。由於太陽距離地球九千三百萬英哩，因此太陽的光要八分鐘才可以到達地球。作為一個對比，在獵戶座的參宿四星，其光則需要五百二十年才可以到達我們這裏！[20]

回想當時，馬丁路德在一五一七年十月三十一日將他九十五條的抗議文釘在威丁堡堡壘教堂的大門時，那一日離開獵戶座的光到現在還未到達我們這裏。不過它仍然以每秒鐘行十八萬六千英哩的速度飛奔前來。記住，獵戶座的直徑是地球環繞太陽的軌迹的兩倍；實際上，它的直徑**大約**是四億英哩(但這是不斷地改變的)。然而，這只不過是數百萬星座之一；很多人認為宇宙的直徑有一百億光年！[21]「耶和華啊，你所造的何其多！都是你用智慧造成的；遍地滿了你的豐富。」(詩一○四24)

神不單是全能的創造者，祂的本質是聖潔，亦即是純潔和獨立。祂完全超乎我們。我們有一些啟示的閃光，但我們終歸不能掌握到以賽亞所見到神的那一瞥(賽六1)。濕度是水的實質；光是太陽的實質；聖潔就是神的實質。無論我們如何嘗試去想像神，我們永遠達不到標準。

異教的世界常常被神的不可知性(unknowability)所困惑。柏拉圖(Plato)說，如果神可以被尋到的話，我們也無法用我們能明白的字句去形容祂。亞里斯多德(Aristotle)認為神是所有人夢想的最高緣由，但沒有人可以明白。哲學家在這點上都對：沒有啟示，神就不可以被認識。但感謝神，因為祂的主動，我們可以擺脱推想，達至個人的認識。因為這位神已經說話，而且不是結結巴巴的。

尋找人的神

這位隱藏的神也是俯就我們的神。「〔我〕也與心靈痛悔謙卑的人同居；要使謙卑人的靈甦醒，也使痛悔人的心甦醒。」(賽五十七15)真的，聖經描寫神是身處在一個尋找的使命中。「耶和華的眼目遍察全地，要顯大能幫助向他心存誠實的人。」(代下十六9)祂尋找那些渴慕祂的人；祂與那些「心靈痛悔謙卑」的人同居。「但我所看顧的，就是虛心痛悔、因我話而戰兢的人。」(賽六十六2)

痛悔的意思是因著自己的罪感到良心不安，或悲傷而在靈裏破碎。我們對神的認識會把我們帶到極度的罪疚感。加爾文這樣寫道：「沒有對神的認識則沒有對自己的認識……可以確定的是，人永不可能成功地清楚認識自己，除非他先仰望神的面，然後從注視自己，降為省察自己。」[22]

我們作孩子的時候，我們從拒絕我們或愛我們的父母那裏意識到我們的價值。我們從他們和我們身邊的人衡量自己的價值。當我們逐漸建立對神的認識時，我們會以我們與創造者的關係來重新估計自己。可惜，新紀元神學沒有給予我們任何基準點；它並沒有提供任何可以令我們適當地明白或審查自己的基礎。這是為甚麼像范贊特（Iyanla Vanzant）所寫的《有一天，我的心就這麼打開了》（*One Day My Soul Just Opened Up*），可以將人性描述得那麼樂觀的原因。當代靈性學（Modern Spirituality）盡量表達出我們都是完全和美好的。只要我用我的靈魂判斷我的靈魂，我就會覺得自己是個好人。

最近我乘飛機時，旁邊坐了一位女士。她對當代靈性學十分認真。她堅持罪與邪惡並不存在。甚至希特勒也不太壞；他只不過犯了一些錯和作了些「不智的選擇」，但他並沒有犯罪，沒有罪行，沒有邪惡。怪不得她不覺得需要一個拯救的神；她的神並不比她更公義。我不得不思想，如果她自己成為一宗暴行的受害者，她將會改變她對罪惡不存在這信念。我相信有一天她亦會改變她認為自己是好人的觀點。不過在那一天，她會像那間用市政廳大鐘來校準它的號笛時間的工廠，其後發現市政廳大鐘卻是用工廠的號笛的時間來作準的！

我們的世界有甚麼錯？當聖經裏的神遺失後，罪就遺失了。罪遺失後，品行的量尺也就遺失了。當這遺失後，社會就墮落。幾年前，《紐約時報》(*The New York Times*)的一位編輯這樣反映我們世界中混亂的道德：

> 在這種〔文化和性〕革命的歲月裏，罪並不是很多人(包括大多數教會)用時間去談論或者擔憂的事。但我們要這樣說，罪最少為個人品行提供了一個作為參考的框框。當這框框被拆毀後，罪疚感並不是惟一失落了的東西；我們亦失去了個人責任感的標準……每個人只有他或她自己。似乎許多遇難的人早該使用一下街道圖。[23]

你還會記得約伯為著要明白神為甚麼在他沒有做錯事時，還要將他的兒女和健康取去而掙扎吧。他渴望能直接聽到神的聲音；而在他的長篇獨語之後，他終於得嘗所願。全能者在風中對他説話。在那個特別啟示的時刻，約伯忘了他的爭論，大叫道：「我從前風聞有你，現在親眼看見你。因此我厭惡自己，在塵土和爐灰中懊悔。」(伯四十二5～6)

最後，約伯知道他是誰，神又是誰。他遇到的「性格認同危機」(identity crisis)為他痛苦的心帶來醫治。當我們開始明白神是誰的時候，我們知道，我們不可忽視祂闖進了我們的生命。祂的出現顯示出我們墮落了的靈魂真正是怎樣子，但我們亦可以在祂裏面找到寬恕和憐憫。神的莊嚴並不應該使我們沮喪，反而會邀請我們以痛悔和謙卑的心就近祂。惟有一個會審判我們的神才能夠拯救我們。**偶像不會審判我們，也不能夠拯救我們**。

如果神的聖潔令我們放棄，我們也許亦會被祂的恩典放棄。有報道說，殺了二十三個少婦的賓地(Ted Bundy)在行死刑之前接受了基督為他的救主。如果他有這樣做(誰會知道是否真的？)，他就會上天堂。如果賓地殘殺了我的一個女兒，我會希望他在地獄中被焚燒。但神所想的與我們的完全不同。祂說祂甚至可以接納一個悔改、從基督的犧牲上佔便宜的賓地。這就是恩典。

開始我們的旅程

我們必須憑著這些應許，踏上我們認識真正的神的旅程：「人非有信，就不能得神的喜悅；因為到神面前來的人必須信有神，且信祂賞賜那尋求祂的人」(來十一6)；「你們親近神，神就必親近你們。有罪的人哪，要潔淨你們的手！心懷二意的人哪，要清潔你們的心」(雅四8)。

我們謙卑地瞭解到只有神向我們啟示的才是重要；我們不必知道祂的看法的所有原因。我不知道為何神有時不會拯救向祂呼求的子民；我對永存的地獄這個教義深感困惑；我不明白為何神要選擇這個世界、這個計劃，其實祂有很多其他的選擇。聖經所描繪的神並不會常常與我們自己的性情吻合。由於「從人開始，向上理解」是無希望的，最聰明的途徑只可以是從神開始，接受祂向我們的啟示。

十四世紀一位不知名的基督徒寫了一本書，《未知之雲》(*The Cloud of Unknowing*)。不像其他人，這位作者強調的，是我們所不知道關於神的事，而不是我們所知道的。他深思的重點是：在這生命中，常常會有一層「未知之雲」在神和我們之間。但這不應令我們失去信心，反應在尋找神的路途上確定我們。是的，我們透過這一片玻璃去看是暗暗的，但感謝神，我們是可以看見的。他這樣寫道：

> 不要喪志，卻要繼續努力，直至你體驗到那種渴望。因為你初開始的時候，你所能找到的只是一片黑暗，一片未知之雲；你不會知道那是甚麼。不過在你的意願中你卻經驗到正在伸手要觸及神。無論你做甚麼，這片黑暗的雲常常在你和你的神之間。它會阻止你憑你理性的亮光去清楚地看見祂，也阻止你憑你的喜好去體驗祂甜美的愛。所以，盡你所能調整好你自己，抗拒這片黑雲；同時，迫切地追求你所愛的那位。因為如果你要體驗到或見到祂的話（這是可能的），那必會發生在這片雲和黑暗之中。如果你用我提供的方法繼續全心全意努力的話，我相信因著祂的憐憫，你一定會達到這個階段。[24]

我們怎樣承擔這段旅程？忘記其他一切，與其他被造物分開，將我們完全擺在神的面前。作者強調我們認識神只能藉著默想，藉著心內明顯的渴望，要將心思專注在神身上。他說我們必須有可以驅使我們在「不明的黑暗中，放下其他引誘和慾望」來尋找神的那種對神的愛。[25] 神，只有神，才可以完全滿足我們心靈的渴求。如果我們尋找祂，神會令我們體驗到祂。在那片未知之雲的背後是那**神聖的同在**。

有一個人告訴我關於他的朋友的事：一個聖經學院的教授終於感受到他多年來所教授的。當他向同事分享他與神在增長中的親密關係時，他們都心不在焉和覺得煩悶。他所說的，他們都不覺得新奇，他們在神學院聽過無數次。當這位「愛神的人」思想他們的回應時，至高者好像對他說：「只有那些在遠處張望我的人，才會認為他們知道我的一切。」真的，我們愈接近神，我們愈會被我們的無知嚇一大驚。

有一個故事說，一個農夫邀請他的朋友到他的蘋果園，嚐嚐他的果子和做新鮮的蘋果酒。他的朋友對他說：「實不相瞞，我嚐過你的蘋果，都是酸的。」

農夫問：「哪些蘋果？」

他的鄰居說：「那些沿著你的圍牆、跌在路上的蘋果。」

農夫回答說：「啊，是的，那些蘋果都是酸的。我種這些酸蘋果是為了愚弄附近的頑童。如果你到我果園的中心，你會發覺味道完全不同。」

在基督教教義的邊緣有很多酸蘋果——罪的確定、抑制自己和潔淨——可以令一些偽善者和表面的宗教分子離開。但在園子的中央是可口的果子。我們愈親近神，從之而來的喜樂就愈是甘甜。我們對神「激烈的渴望」也能得著滿足。

在他一本極好的書《渴望神》(*Desiring God*) 中，琵巴 (John Piper) 這樣寫道：「當我們在神裏面得著最大的滿足，祂也從我們身上得著最大的榮耀。」[26] 魯益師將神描寫為「滿足一切的目標」。克勒福的伯納德（Bernard of Clairvaux）喝了那可以解他靈魂之渴的泉水後，這樣寫道：

救主耶穌，愛心之樂！
生命之源！萬人之光！
今我撇下世間幸福，
轉面歸向救主君王。
——《救主耶穌，愛心之樂》（*Jesus, Thou Joy of Loving Heart*）

追尋神永遠都是最有滿足感的。

個人的回應

讓我們下決心默想那在祂的話語中啟示自己的神。我們知道神是隱藏的和相距很遠的，但祂也是這麼近，願意供給人心靈最深的需要。如果祂的聖潔使祂與我們有距離，祂的憐憫也會與我們有距離。

我常常反思詩篇四十二篇。我鼓勵你也讀這篇詩，作為你回應神邀請你「當趁耶和華可尋找的時候尋找他，相近的時候求告他」（賽五十五6）。我節錄了這篇詩的其中幾節，不過我希望你能讀完整篇：

神啊，我的心切慕你，如鹿切慕溪水。
我的心渴想神，就是永生神；
我幾時得朝見神呢？

我的心哪，你為何憂悶？

為何在我裏面煩躁？

應當仰望神，因他笑臉幫助我；

我還要稱讚他。

（詩四十二1～2、5節）

在我們前面躺著一個挑戰。我們希望認識神，但我們應該怎樣接近祂？我們應該帶些甚麼去才可以被祂接納？讓我們繼續我們的旅程吧。

註：

1. "Playing Possum", words and music by Carly Simon (c)1980, Universal-PolyGram International Publishing, Inc., a division of Universal Studios, Inc.
2. Henry Scougal, *The Life of God in the Soul of Man* (Harrisonburg, Va.: Sprinkle Publications, 1986), p.108.
3. Blaise Pascal, *The Mind on Fire*, ed. James M. Houston (Portland, Ore.: Multnomah Press, 1986), p.108.
4. Saint Augustine, *Confessions* (London: Penguin Books, 1961), p.21.
5. Donald W. McCullough, *The Trivialization of God* (Colorado Springs: NavPress, 1995), pp.13~14.
6. McCullough, *The Trivialization of God*, p.20.
7. Gloria Copeland, *God's Will is Prosperity* (Fort Worth: KCP Publications, 1978).
8. McCullough, *The Trivialization of God*, p.40.
9. Robert Schuller, *Self-Esteem: The New Reformation* (Waco: Word Books, 1982), pp.26～27, 127.
10. Joseph Haroutunian, *Piety versus Moralism: The Passion of New England Theology* (New York: Harper and Sons, 1932), p.145.

11. Robert Wuthnow, "Small Groups Forge New Notions of Community and the Sacred"，載於*Christian Century*, 8 December 1993, 1239～1240。

12. Rosemary Radford Ruether語，轉引自Elizabeth Achtemeier, "Why God is not Mother"，載於*Christianity Today*, 16 August 1993, 22。

13. Parker T. Williamson, "Sophia Upstages Jesus at Re-imaging Revival"，載於*Good News*, July/August 1998, 24。

14. Paul Sherry語，轉引自Edward Plowman, "Read it and Weep"，載於*World Magazine*, 5 December 1998, 24。

15. Neale Donald Walsch, *Conversations with God* (New York: G.P. Putman's Sons, 1996), p.13.

16. Walsch, *Conversations with God*, pp.8, 38, 39.

17. Betty J. Eadie and Curtis Taylor, *Embraced by the Light* (Placerville, Calif.: Gold Leaf, 1992).

18. Alan Jacobs, "The God of the Bestseller"，載於*The Weekly Standard*, 6 December 1999, 32.

19. C. S. Lewis, *Miracles* (New York: Macmillan, 1960), p.93.

20. David Crystal, ed., *The Cambridge Fact Finder* (England: Cambridge University Press, 1997), p.3.

21. *The Encyclopedia Americana*, international ed., p.582.

22. John Calvin, *Institutes of the Christian Religion*, ed. John T. McNeill, trans. Ford Lewis Battles (Philadelphia: Westminster Press, 1960), p.37.

23. 轉引自McCullough, *The Trivialization of God*, p.90。

24. James Walsh, ed., *The Cloud of Unknowing* (New York: Paulist Press, 1981), p. 121.

25. *The Cloud of Unknowing*, p.121.

26. John Piper, *Desiring God: Meditations of a Christian Hedonist* (Portland, Ore.: Multnomah Press, 1986), p.19.

思考問題

查明謊言

一、「我們生出來就是要尋找意義，在這個搜尋的背後就是要尋找神。」

1. 照你所知道，人怎樣「尋找意義」？
2. 你怎樣搜尋神？

二、「神這一個字已經變成一塊隨我們每人意願而繪上神的形像的畫布；就像那個小男孩在桌前亂塗一樣，我們可以用各人歡喜的規格繪畫神。」

1. 描述一些你遇見過的「神的畫像」。你的朋友相信怎樣的神（如果有的話）？

三、「拜偶像不單是指在金像或銀像面前跳舞，更是在心理上製造一個神祇的觀念，而這個神祇與活生生的神只有很少相同點。」

1. 用你自己的字句解釋甚麼是「**拜偶像**」。
2. 你是否曾被誘惑拜這樣的偶像？請解釋。

四、今天我們接受這麼多將神變為拜偶像的觀念的兩大原因是：

- **在這個混亂的時代，我們對祂的沉默感到不耐煩。**
- **我們要一個對我們更容忍、更少要求和審判的神。**

1. 人們怎樣對神的沉默感到不耐煩？以你的經驗舉幾個例子說明。
2. 人為甚麼會覺得神是不容忍、多要求、好審判的？對於他們這樣刻畫神的個性，你會怎樣回應？

五、思想我們世界上的幾種常見的偶像：

- **我的健康財富之神**
- **我的情感需要之神**
- **我的性別之神**
- **我的個人自證之神**
- **我的近死經驗之神**

1. 用你自己的字句描述以上各種現代偶像。
2. 你最容易被這些偶像中的哪一個誘惑？為甚麼？你如何戰勝這些誘惑？

六、「**當聖經裏的神遺失後，罪就遺失了。罪遺失後，品行的量尺也就遺失了。當這遺失後，社會就墮落。**」

1. 你同意這種評語嗎？請解釋。
2. 舉出最少一個例子說明社會怎樣因遺失了聖經裏的神而墮落。

七、「**惟有一個會審判我們的神才能夠拯救我們。偶像不會審判我們，也不能夠拯救我們。**」

1. 為甚麼一個拒絕審判我們的神救不了我們？
2. 為甚麼偶像不能救贖我們？

找出真理

一、讀詩篇四十二篇1節，六十三篇1節。

1. 這兩節經文怎樣將一個尋找神的正確思想範圍表達出來？

2. 這兩節經文對那些想認識神的人有甚麼建議？

二、讀詩篇一百一十五篇3至8節。

1. 你在3節中，學習到聖經裏的神是怎樣的？

2. 聖經裏的神與偶像有甚麼不同？

3. 拜偶像的人怎樣變得與他們的偶像一樣(8節)？

三、讀以西結書十四章2至3節。

1. 這兩節經文中描寫的人在哪裏豎立他們的偶像？這有甚麼特別的意義？

2. 偶像如何成為絆腳石？

3. 神怎樣回應這種拜偶像的行為（3節）？

四、讀以賽亞書四十五章15至17節。

1. 神怎樣「躲開」我們？你認為祂為甚麼這樣做？

2. 當神躲藏的時候，人類面對的誘惑就是要造一個可以看得見的偶像。但那些拜偶像的人的命運是怎樣的（16節）？

3. 那些拜看不到(但卻是真)的神的人，他們的命運又是怎樣的(17節)？

五、讀以賽亞書五十七章15節。

1. 這節經文怎樣描寫神？

2. 依照這節經文所説，神居住在哪裏？

3. 為甚麼神要與那些「謙卑的人」居住？你是否這些「謙卑的人」之一？請解釋。

六、讀雅各書四章7至10節。

1. 「順服」神的意思是甚麼？

2. 當我們「親近神」的時候會發生甚麼事(8節)？一個人怎樣親近神？

____

____

3. 雅各鼓勵他的讀者作甚麼行動？為甚麼要作這些行動？

____

____

4. 10節怎樣總括7至9節？你怎樣服從這一節？這一節給那些服從的人甚麼應許？這包含了甚麼？

____

____

謊言二
條條大路通向神

每當我乘飛機，跟坐在身旁的人談論的話題往往從天氣轉到宗教，再轉到基督。幾年前，我和太太坐在一起，我注意到通道對面的女士戴著一條十字架項鏈。為了能打開話題，我對她說：「謝謝你戴這十字架，我們有位奇妙的救主，對嗎？」她轉轉她的眼睛，跟著回答說：「噢，我對這十字架的感受並不同你的一樣。看看這些。」她拿出十字架下面的大衞之星，和一件代表印度神奧姆（Om）的飾物給我看。她對我說：「我是社會工作者。我發覺人對神有很多不同的看法。基督教只不過是通向神的其中一條路徑。」她繼續說她偏愛靈性學（spirituality）多於宗教、尋找經驗多於特定的信仰。她相信一個泛神主義的神：一個不須懼怕的力量。

這樣的談話使我更深信靈性學的追求正在興旺中。這種靈性觀引至一種愈來愈強的信念—有很多途徑可以通向神。教義已經過時了，感受才追得上潮流。劇作家和荷里活製片家嘉伯蘭（Marty Kaplan）在《時代》雜誌（*Time*）這樣寫道：「吸引我去默想的原因是它的宗教中立性。你不必相信任何東西，你要做的就是去做。我曾經擔心我需要有某種我可以假裝的信仰才可以得到它的益處。然而，我很高興知道，有百分之九十的默想只在乎你有露面！」[1] 我們被告知，要成為真正屬靈不單不需要教義，教義更是被棄絕的。有人這麼說：「美國人忙碌地發明不正統的方法去行他們想行的道路。」

基督教教義已經被改得愈來愈難與佛教或其他的東方宗教思想分辨。現在我們沒有神，沒有信仰也可以成為屬靈的。這種泛神論的傾向使我們對歷史性的基督教教義愈來愈難以容忍。一所州立大學的標語這樣寫道：「你可以認為你是對的，但你不可以認為別人是錯的。」在以往的十年，罪已經被定為是不存在的。如果有一種罪是仍然存在的話，那就只會是「認為別人是錯的」。他們認定，真理是不可被發現的東西；而是一種被編造出來的東西；是由個別的人或眾人一致贊同之下製造出來的東西。一個人的感情比任何東西，甚至耶穌的說話更重要。

我們的多元文化完全拒絕神只可從一條路徑接近的說法。美南浸信聯會只是叫它的會友為他們的猶太朋友祈禱，希望他們會接受基督作他們的彌賽亞，一場示威就此爆發了。將世界上所有的宗教合一看來好像是一個有價值的目標，以致任何反對的人都會被看成為傲慢、有偏見、執拗、心胸狹窄和不寬容的。

在我讀大學的時候，在有才智的精英中，相信神是被視為過時的；學生和教員一樣神氣十足地稱那是舊時幼稚時代的遺物。可是其實統治那個時代的世俗主義在人的靈魂裏留下的是一片真空。所以我們的文化時鐘又擺回到靈性學。不過現在的是新紀元的靈性學。

如果世俗主義將神趕逐出天堂，靈性學在我們當中找到了神。其實，依照現代流行的靈性觀念，祂就是我們周圍的東西。創造者已經不再神聖，被造物才神聖。他們告訴我們，我們自己才是神聖的，土地是神聖的，動物是神聖的，諸如此類。戴亞博士（Dr. Wayne W. Dyer）在他的書《你神聖的自己》（*Your Sacred Self*）中，希望將我們介紹給「那明亮的天體的光，和讓你們知道，你神聖的自身勝過那向你諸多要求和扯著你後腿的自我，這是多麼的奇妙。」[2] 這種思想將應該歸給神的榮耀轉到給祂的被造物。正如保羅所說：「自稱為聰明，反成了愚拙，將不能朽壞之神的榮耀變為偶像，彷彿必朽壞的人和飛禽、走獸、昆蟲的樣式。」（羅一22～23）

當代的靈性學將神定義為一個平等機會的僱主，宇宙力量的來源，只等著我們接上。我們相信甚麼並不重要；我們的挑戰是用我們裏面至高無上的力量去明白自己。如果我們需要寬恕，我們只須輕易地賞給自己；我們並沒有違背任何屬於個人的神的誡命。由於沒有可以得罪的神，同樣也沒有需要求祂寬恕的神。**瘋狂之處就是由自知所創造出來的自救**。

試想想，一方面感到罪疚，然而另一方面又委身於一種相信好與壞皆不存在的宗教！二次世界大戰的退伍老兵田度（Glenn Tinder）訴說他的良心如何因他在戰爭中殺過兩個日軍而深感不安。他雖然以為他們有武器在手，但他錯了；這件事像鬼般縈繞於他。但他從小就在基督科學會的宗教思想（Christian Science religion）中成長，有著一種類似新紀元的思想：邪惡並不存在，疾病只不過是一種幻覺；求神寬恕是不必要的。在經歷戰爭之前，田度認為神「只不過創造了一個美好的宇宙，然後就自動消失，任由人類去『知道』它的真相和享受它。」但當他想到他所殺了的人，「**謀殺**」這個詞浮現他的腦海中。他知道他做錯了一件事：「有一個憤怒的神——起碼是一個神聖不可代替的、有威脅性的、被開罪了的律法——高高的在我之上。基督科學會並沒有給我任何幫助：**它否定了邪惡的存在，所以對寬恕只會完全緘默**。」[3] 幾十年來，田度尋求真理。最後他接受了那寬恕他的罪、潔淨他的良心的基督。

許多輔導員贊同，單單對自己說我們是好人，不必需要神的寬恕並不可以遏制內心的罪疚感。醫學上的研究人員也長久知道，人用不少心靈能量去中和被困擾的良心和精神錯亂，兩者都來自縈迴心內的疑團，以為我們遇到的所有事都不妥。

德國哲學家尼采（Nietzsche）面對著「不相信有一位超凡的神」這個纏繞，他確定神已死，被人手所殺了，所以他問：

> 我們這些謀殺犯中的謀殺犯怎樣去安慰自己？世界曾經擁有過的最聖潔和最有權力者已在我們的刀下流血至死。誰能將我們的血抹乾淨？甚麼水可以洗清我們？我們要發明甚麼贖罪節，甚麼聖禮？幹這偉大的事工對我們來說不是太大了嗎？我們不是應該變成神才算得上是配得這樣做嗎？[4]

我們可以用現代的口吻說：「我們已重新為神下定義，我們盜取了祂的超凡性、祂的位格，以致現在沒有人可以告訴我們，我們已經被寬恕了！」然而，我們所需要的卻是寬恕。楊腓力（Philip Yancey）在《恩典多奇異》（*What's So Amazing About Grace?*）中，述說了一個無家可歸、貧病交加的妓女的故事：在涕淚中，她承認她將兩歲的女兒出租給一些有性乖僻的男人！她說她必須這樣做來滿足她自己的毒癮。當她被問為甚麼不到教會求助時，她回答說：「為甚麼我要到那裏去？我已經覺得自己壞透了。他們只會令我感到更難受。」[5]

說教會令她感到更難受是否公平？或者有一段時間會難受，不過只有這樣她最終才感到好受一點。耶穌說，這個女人比那些覺得不必要「感到難受」的人更有希望。除了說她應該改變生活方式，以後做好一點之外，流行文化的神祇沒有其他說話可以對這個女人說的了。感謝神，聖經中的神做的更多：祂提供寬恕、潔淨的良心和存在於內心的聖靈。這個女人所需要的不是被告知自己是神聖的；她需要的不單止是一個「確認她」的神。她需要的乃是一個超凡的神對她說：「你被寬恕了。」

在下面幾段文字中，我們會談及神的嚴厲，祂不妥協的聖潔，甚至祂的憤怒。但之後，我們會談及神的恩典，祂對卑賤不配的罪人的接納。「**聖潔**」這一個詞喚醒我們對罪的覺悟，但神並沒有讓我們停留在這個光景。祂拾起我們，潔淨我們，並給予我們所需要的公義為禮物。結果我們會「感到好受一點」，好受**更多**！

接近神

聖經給我們兩個警告。首先，它警告我們不得造一個像我們的神。第一條誡命是：「除了我以外，你不可有別的神。」(出二十3) 當以色列人破誡以牛犢的形像造了一個金神的時候，這些字句還只是新刻在摩西的石板上。我們在前一章知道，今天我們也在心中建造偶像來敬拜。

然而，很重要的一點是，我們避開偶像來到神面前，仍然還不夠；我們必須以適當的方法接近神。我們甚至在福音派的教會也常常聽到別人説，怎樣來到神的面前並不重要，我們只須來。但聖經中很多人物卻學到另一回事。

該隱和亞伯對怎樣敬拜神有不同的意見。亞伯將他羊羣中頭生的獻給神。該隱就比較多創意，認為他可以隨他喜歡的方法來到神面前。但神對他的供物的價值並不感興趣。他沒有獻上正確的供物，所以他被拒絕了(創四5)。新約聖經提到一些「依照該隱方法」的人，這是指，那些認為可以使自己配得來到神面前的人。但該隱卻學到了程序的重要性。

拿答和亞比戶是亞倫的兒子，摩西的侄兒。他們是被獻給神的，也就是那時候的神學生，受「全職事奉」的訓練。有一天，他們獻上凡火，是神沒有吩咐他們的。神這樣回答他們：「就有火從耶和華面前出來，把他們燒滅，他們就死在耶和華面前。」(利十2)

我們可能會覺得神的反應過分。那兩個年青人應該有第二次機會；再者他們是大祭師亞倫的兒子，我們都會認為應該有一些改變的餘地。但就在神的祭壇前，拿答和亞比戶立刻被滅絕，沒有審判，沒有第二次機會。

神為甚麼這樣做？神這樣為祂自己解釋：「我在親近我的人中要顯為聖；在眾民面前，我要得榮耀。」(利十3) 摩西召了兩個人去收回拿答和亞比戶的屍體及抬去埋葬。我們讀到他們仍然是穿袍子的。摩西叫亞倫不可將這件事鬧大，否則也可能會死。他也不可以出會幕的門，而要留在那裏直到事件平靜下來。

並不是每一種東西都是神聖的，只有神才是。你的個人是重要的，但不是神聖的；地球是重要的，但亦不是神聖的。這兩個人的錯誤並不是他們來到一個錯的神的面前；而是他們以錯誤的方法來到對的神的面前。他們以為可以拋棄那本說明書。但他們卻艱苦地學到，並不是任何方法都行得通的。

如果我們不正確地接近神，其他的事也不太重要了。我們今世可能不會被打死(我會在下一章列出原因)，但我們在最終卻要面對永恆的審判。試想想那些以為自己必能到天堂、卻發覺他們是在天國門外的人，是怎樣的驚愕！

那麼，我們應該怎樣接近神？好消息是，問題並不在於我們的罪有多大，而是神所指定的途徑的價值。我們獲邀請進入「至聖所」，但我們不可以獨自進去。要記住，神並沒有選擇祂有的屬性。祂的聖潔、公義和力量都是已知之事；祂也一定要向自己忠實。我們不敢犯這樣的錯：只顧強調神的慈愛而不考慮祂的公義和聖潔。同樣，我們也不敢只顧強調祂的公義和聖潔，而不用神的愛和憐憫去平衡這些屬性。沒有憐憫，神的大能是可怕的；沒有恩典，神的聖潔只會引致絕望。

有一個人在飛機上對我說：「不用為我擔心，因為我過得蠻好。」我曾對他解釋說，他需要一位在他和至高者之間的中保。沒有這合宜的祭物，神會摒棄他。由於他敬拜他思想中的偶像——一個向他保證一切都是好的神——所以他覺得自己狀態良好。他可以自信地站在自製的神的面前。因為他未曾面對過神的聖潔，他好像很多後現代主義者一樣，失去了鄙視他的罪的能力。

因為神是聖潔的，個人的罪侮辱了祂的美、祂的聖潔和祂的性格。如果我們以為可以直接接近祂，那是因為我們不明白祂或我們自己。奧古斯丁說得對：「明白神的聖潔的人會為想滿足祂而感到絕望。」以同樣的觀點，麥高樂寫道：「一個人可以自信地站在其他的神面前，因為他不會感到被威脅。他們會停留不動；不會走離人性自尊指定的地方。這種自尊極須要維持它的支配能力。不過從基督裏啟示出來的神是聖潔的。一個聖潔的神不可能被控制或者被馴服。這種神是『完全另類的』。」[6]

跟隨禮節

我知道，當拜訪者朝見王帝或王后時，他們都會被預告應守的規則。如果可以直接接近神，不用理會祂的聖潔和我之間的深淵的話，那是多麼怪異。神愈與我們不同，我們就愈要注意怎樣去接近祂。

神已經將我們怎樣來到祂面前的方法謹慎細微地寫了出來。讓我們看看舊約聖經的一些資料。那時候的大祭司每年只可在贖罪日進入至聖所。你會記得至聖所是神集中顯現在那裏的一個小房間。是的，神的確存在於所有地方，但這是神在地上選擇來顯現祂的榮光的地方。照歷史學家約瑟夫 (Josephus) 説，當一個祭司準備進入至聖所時，他的足踝要縛上一條繩子。這樣，如果他沒有依足步驟而被神擊倒的話，其他的祭司也可以無須進入房內而將他拖出來。是的，你要依從既定的途徑。

我曾經有特權地帶隊參觀宗教改革的遺迹。我曾不少於四次站在馬丁路德於艾福特市主持他第一次彌撒的桌子前。我常常講述他如何在半途僵了下來、額上凝結著汗珠。當他開始説：「我們獻給祢，永生的真神……」的時候，他就會癱瘓起來。他後來解釋説：

> 我被這些字句完全嚇得呆若木雞。我私下想：人既在地上的王子面前也當顫抖，我還可以憑甚麼向這樣的君王説話？我是誰？我怎能抬頭望著，舉手向著神聖的君王呢？天使環繞著祂。當祂點頭，地就震動。而一個卑微矮小的我可以説：『我要這樣，我求那樣』嗎？我只不過是充滿罪的塵土，而我卻在向那永生的真神説話。[7]

對現代的耳朵來説，這些説話是很奇怪的。我們聽到很多人絮絮叨叨地向神説話，好像是沒有理由要懼怕，沒有理由要感到是不配得的。這種膽識只證明了真正瞎了的人不可能欣賞光；那些死了的人不可能感受到住在他們靈魂內的罪的壓力。當摩西渴望見到神的榮光時，他聽到的話語是：「看見我的人都不能存活。」現代人卻好像空中飛人般地來到神的面前，完全沒有想到這是錯誤的概念。

我們為甚麼要跟從條例？首先，因為我們和神之間的道德距離是無限的。就潔淨而言，神和人並沒有共同點。撒拉弗天使呼喊說：「聖哉！聖哉！聖哉！萬軍之耶和華；祂的榮光充滿全地！」(賽六3) 聖潔是神最顯著的屬性。我們獲悉一切關乎神的都是聖潔的：祂的愛是聖潔的愛；祂的怒是聖潔的怒；祂的公義是聖潔的公義。

神的威嚴和偉大與我們之間因此有很大的鴻溝。祂的目的遠超乎我們所能明白；祂的意圖是隱藏的，除了那些祂會顯示出來的。我們第一個的問題並不是祂是否贊同我們，而是我們是否用祂贊同的方法來到祂面前。不是要合我們的意，而是要合祂的意。

這麼，我們怎樣到祂那裏呢？聖經一貫的教導是：如果不是祂先降到我們這裏，我們不可能提昇到祂那裏。舊約聖經描述一種人可以接近神的儀式，這種儀式的目的是教導人關於神的聖潔，和照規定來接近祂的必須性。在新約聖經中，這位中保已經來臨。

可接受的中保

所有進到神面前的入口都是須要經過磋商的。換句話說，我們需要一位可以代表我們利益，也代表被冒犯者 (在這兒即是指神) 的人。同樣，一個普通市民沒有可能以他自己的身分得到美國總統的垂聽。他需要一個認識總統的人，一個有後台的人去接頭。神，當然就是宇宙的總統，而我們也冒犯了祂的公義。

在舊約時代，祭師被選為中間人，但因為他們也是罪人，他們要完全解決罪的工作是無果效的。他們代表基督，就是正如施洗約翰所說，最終會「洗淨世界的罪」的那位。留心下面的經文中，舊約的祭司和基督的差別：

> 凡祭司天天站著事奉神，屢次獻上一樣的祭物；這祭物永不能除罪。但基督獻了一次永遠的贖罪祭，就在神的右邊坐下了；從此等候祂仇敵成了祂的腳凳。因為祂一次獻祭，便叫那得以成聖的人永遠完全。(來十11～14)

在舊約聖經裏，很多祭司要獻祭；實在的，他們要分班輪值。但永遠活著的基督只須獻**一次永遠的祭**。從前的獻祭只可以消解過往的罪；這是為甚麼他們要重複再重複地獻。但我們讀到基督「一次獻祭，便叫那得以成聖的人**永遠完全**」(14節)。舊時的祭司在當值的時候不可以坐下來，但基督卻坐在天父的右面，因為祂的工作已經完成了！

當約伯在與「朋友」激烈的辯論中掙扎的時候，他脫口漏出他極希望直接與神說話，不止是禱告，而是要面對面和神對話。在絕望中他大喊道：「他本不像我是人，使我可以回答他，又使我們可以同聽審判。我們中間沒有聽訟的人，可以向我們兩造按手。願他把杖離開我，不使驚惶威嚇我。」(伯九32～34) 噢，要一位中保！

教會的一位來賓對我說：「我想與神接通，但我不知道線是否已經接上了。」試想想，如果已經有人——一位像我們，卻沒有罪的人，可以代表我們到神那裏，也代表神到我們這裏的人——為我們「接上了線」的話，那多好！這個位置的候選人必須有神的屬性，以至能有信心地聯繫神與我們之間、道德和靈性上的缺口。只有基督才有這些資格。「像這樣聖潔、無邪惡、無玷污、遠離罪人、高過諸天的大祭司，原是與我們合宜的。」(來七26)

基督好像我們一樣，完全是人；但祂也完全是神。真的，有人說：「一個不大像神的救主，只會像一條在另一頭斷了的橋一樣。」基督不單在天堂中代表我們，我們已經在那裏與祂一起。依法而言，「他又叫我們與基督耶穌一同復活，一同坐在天上」(弗二6)。我們惟一可以接近神的方法，就是拉著這位有權進到祂面前的人的衣角。

或者，我們現在會明白為甚麼到神面前的途徑並不多。只有一個人才滿足神對中間人的要求；只有一個人可以給我們自信地站在全能者面前所需要的完美：「我就是道路、真理、生命；若不藉著我，沒有人能到父那裏去。」(約十四6)

我知道你曾聽過別人說：「我沒有離開基督教教義，只不過是超越了它，進入了靈性學。」這是現在流行的一種「進步」！但嚴格來說，如果你超越了基督教教義，你其實就是放棄了它。每當你將它加多一點點，你就是將它減少了一點。那些放棄了基督的獨一性的人，不單止放棄了福音的一部分，而是完全放棄了它。好像其他真理一樣，數學提醒我們，正確的答案只有一個，但錯的卻很多。

如果我們的信心是在基督裏，當我們從地下到天上的旅程來到了兩者之間的邊界時，我們不會遇到任何麻煩。我們的代表已經在那裏，為我們留了座位，保證我們可安全到達。神要藉著與基督的交往來與我們交往。如果沒有人代表我們站在神的面前，我們會像站在離太陽一百公尺的地方；神的聖潔可以將我們液體化。「因為只有一位神，在神和人中間，只有一位中保，乃是降世為人的基督耶穌；祂捨自己作萬人的贖價，到了時候，這事必證明出來。」(提前二5～6) 希望我們不敢有非分之想，以為我們可以單獨來到神的面前。

可以接受的祭

為甚麼贖罪必須獻祭？是公義如此要求。一張普通的交通告票在未付罰款之前不可被勾銷。我們因嚴重地褻瀆了神的律法而有罪。我們冒犯了神的聖潔。因此除非神轉移了祂的憤怒，否則我們不可以進到祂那裏。「因為祂一次獻祭，便叫那得以成聖的人永遠完全」(來十14)：當站在基督的旁邊時，我們是帶罪的，又是被接納的；是不配的，但也是被看重的。

有一些祭物是神不會悅納的。其一是以**真摯**為禮物；一些人會認為神應該悅納這種禮物，因為他們的意圖是好的。另一種是以**事奉**為禮物；一些人會記著他們所作過的好事，並認為神因此欠他們一個人情。第三種是以**靈性探求**為禮物。有很多人帶來的是以**內疚**為禮物；他們傷殘自己，以為他們如果能夠覺得真正抱歉的話，他們就好像付了罪的罰款，而神就會接納他們。

馬丁路德對這些人有這樣的說話：「有甚麼東西可以令你相信，神歡喜你做的事比祂的兒子做的更多？」真的，我們須要帶供物來獻給神，但不是我們自己做出來的就可以取悅祂。**這一定要是祂自己為我們做的祭**。

祭物一定要和犯的罪有同等的價值。由於我們的罪是冒犯了永生的神，我們的祭物必須有永恆的價值。也是說，只有神才可以供給這種祂自己要求的祭物。這是福音的意思：神為我們滿足祂自己的要求。記得這個故事嗎？一個超速駕駛的被告站在法官面前，法官卻從他的座位下來，代交罰款。這也是神為我們做了些甚麼事的故事。

基督被釘死在十字架，補償了那不可補償的。「因基督也曾一次為罪受苦，就是義的代替不義的，為要引我們到神面前。」（彼前三18）對那些將自己投在神的憐憫——就是神在基督的工作裏顯出的憐憫——的人來說，沒有任何不可原諒的罪。

我在幾頁前提到的妓女，和那個在監獄寫信問我他是否可以被原諒的強姦犯，他們兩人和很多很多的人，都可以像其他人一樣得到神完全的接納。所有信靠祂兒子的人都有同樣的公義的禮物，他們都會成為同一個家的成員。

托里底（Augustus Toplady）說得好：

兩手空空無代價，
不能達成主誡命，
勤勞直到臨終時；
一生流淚永不止，
依舊不能贖罪過；
惟有耶穌能救我。

——《萬古磐石》(*Rock of Ages*)

最近我們教會幾個同工在一輛計程車中向一位回教徒解釋，為甚麼他應該不單止接受基督為一個先知，也接受祂是惟一有資格的救主。他說：「不，我一定要償還我的罪。我知道我不可以醉酒，但我卻醉酒；我知道我不可以濫交，但我卻和很多女人睡覺。因此，公義要我到地獄為我的罪受苦；到我付清代價後，我才可以上天堂。」

我們告訴他，我們很高興他錯了。首先，他不可能償還他自己的罪，甚至是在地獄中；那些沒有被神赦免的人永遠都有罪。此外，好消息是耶穌已為凡選擇信靠祂的人償還罪債。不是不敬，穆罕默德沒有能力代為償還；皆殊拿（Krishna）、甘地（Gandhi）、或左羅阿斯脫（Zoroaster）也不能。你不可以將基督與這些教師放在同一個架上。只有在基督教教義內，我們才知道中保和祭物是同一個人。有基督在我們身旁，我們才可以有膽量「走近神」。

可接受的態度

讓我們仔細地念一遍我們怎樣獲邀請到神的面前：

> 弟兄們，我們既因耶穌的血，得以坦然進入至聖所，是藉著祂給我們開了一條又新又活的路，從幔子經過，這幔子就是祂的身體。又有一位大祭司治理神的家，並我們心中天良的虧欠已經灑去，身體用清水洗淨了，就當存著誠心和充足的信心來到神面前。
>
> （來十19～22）

我們與我們的中保和祭物一同來；我們知道我們是屬於祂的，祂也屬於我們的。來的時候，我們帶著一個真誠的心，即是說，有真摯和誠實。我們也帶著一個坦白的心，雖然我們寧願收藏起很多的事情。我們完全被認識，完全無掩蔽，完全被了解。我們並不嘗試為我們的罪和以前過的生活編造花言巧語。

來的時候，我們亦有完全的保證，有信心我們一定被接見。基督已經被接納，因此我們也被接納。我們與其他的罪人手連手：宗教的狂熱者和妓女站在一起，正義的教會人士發覺他站在殺人犯的旁邊。我們的罪行並沒有將我們趕離神，反而將我們拉近祂。我們愈看清楚我們的罪，我們就愈看清楚基督的犧牲和代求是何等美妙。

「我們既因信稱義，就藉著我們的主耶穌基督得與神相和。我們又藉著祂，因信得進入現在所站的這恩典中，並且歡歡喜喜盼望神的榮耀。」(羅五1～2) 保羅的意思不單止說當我們藉著基督到神面前時，神事實會聆聽我們。**進入**的意思是，我們被直接地帶進有神同在的城堡：我們站在至聖所內。

許多年前，我帶同我的兩個女兒到華盛頓市一個教會的退修會證道。出席者中有一位是布殊總統的保安特工。他問我們是否有興趣在第二天參觀總統的橢圓形辦公室，因為總統在那一天會到其他地方去。我們欣然接受邀請。

第二天早上，我們在白宮的一個大門會合。當我們被第一個守衛截停的時候，我的一個女兒正想拿出她的手袋給當值軍官檢查，但那軍官向她搖搖手：「你與他一起的。」他說著，並向那特工點點頭：「進去吧！」

之後，當我們進入了白宮，我們又遇到另一隊守衛。他們望了望那特工，再望望我們，說：「你們與他一起的，進去吧！」在大廳裏，我們遇到更多守衛。他們都是一樣，望了望那特工，再望望我們，說：「你們與他一起的……進去吧！」

現在我們即將走近橢圓形的辦公室，我已看到打開了的門。大門口再站著一個守衛，他也望了望那特工，然後向我們招招手，好像也在說：**你們與他一起的，進去吧！**最後我們踏足總統的橢圓形辦公室，雖然我們只准在門口附近張望一會。

試想像所有的基督徒都一起死了。當我們都站在死亡的大門時，耶穌來到與我們一起走天家最後的一程路。我們經過一隊守衛通往新耶路撒冷的大路的天使。他們望了望耶穌，再望望我們，然後說：「你們與祂一起的，進去吧！」

之後，我們遇到一隊又一隊的天使。每一次他們都望了望耶穌，再望望我們，然後說：「你們與祂一起的，進去吧！」

最後，我們接近神的居所了。我們差不多被聖經所說的「不可接近的大光」眩目。這一瞬間，我們突然回顧，想起我們的罪和失敗。我們當中，有一些曾經墮胎的婦女；前面提到的妓女也在我們中間。從前的通姦者與同性戀者一起，強盜與貪婪的人一起；這些人全都被基督的血贖回並洗淨了。

在這班人當中，也有一些是未曾做過這麼壞的事的人，不過他們也曾在他們的思想中和類似的罪爭鬥過。我們的回顧是那樣地有力，那樣地真實，我們每一個人都聲言：「我不可以進去！我不可以進去！」

但侍立在神居所的門前的天使望了望耶穌，再望望我們，然後說：「**你們與祂一起的……進去吧！**」所以，那就是耶穌把我們引導到全能神的面前的。

千萬不要以為有很多途徑可以通往神那裏去。耶穌是惟一有資格的中保，惟一有資格的祭物，和惟一有資格的救主。

個人的回應

如果我們的倚靠是在基督，我們可以分享祂在天的榮耀。下面的描述是對我們的一個強力的提醒：在宇宙的中央，只有一個人可以將我們帶到神的面前。約翰在啟示錄記載了向這個人的頌讚：

「你配拿書卷，
配揭開七印；
因為你曾被殺，
用自己的血
從各族、各方、各民、各國中買了人來，
叫他們歸於神，
又叫他們成為國民，
作祭司歸於神，
在地上執掌王權。」

我又看見且聽見，寶座與活物並長老的周圍，有許多天使的聲音；他們的數目有千千萬萬，大聲說：

「曾被殺的羔羊是配得
權柄、豐富、智慧、能力、
尊貴、榮耀、頌讚的。」

(啟五9～12)

讓我們感謝祂把我們推薦給父神，和邀請我們與祂同坐一桌。

註：

1. Marty Kaplan, "Ambushed by Spirituality"，載於*Time*, 24 June 1996, 62。
2. Wayne Dyer, *Your Sacred Self* (New York: HarperCollins, 1995), p.xii.
3. Glenn Tinder, "Birth of a Troubled Conscience"，載於*Christianity Today*, 26 April 1999, 33。
4. 轉引自 Ravi Zacharis, *Can Man Live without God?* (Dallas: Word Publishing, 1994), pp.18~19。
5. Philip Yancey, *What's So Amazing about Grace*? (Grand Rapids: Zondervan Publishing House, 1997), p.11.
6. McCullough, *The Trivialization of God*, p.86.
7. Roland Bainton, *Here I stand* (New York: New American Library, 1950), p.30.

思考問題

查明謊言

一、「在以往的十年，罪已經被定為是不存在的。如果有一種罪是仍然存在的話，那就只會是『認為別人是錯的』。」

1. 罪怎樣「被定為是不存在的」？
2. 為甚麼這種文化相信，只有「認為別人是錯的」是惟一的罪？這種「容忍」有甚麼瑕疵？

二、「神被定義為一個平等機會的僱主，宇宙力量的來源，只等著我們接上。我們相信甚麼並不重要；我們的挑戰是用我們裏面至高無上的力量去明白自己。」

1. 人如何將神定義為「一個平等機會的僱主，宇宙力量的來源」？
2. 為甚麼有些人堅持我們相信甚麼也無關重要？你會怎樣回答他們？

三、「好消息是，問題不在於我們的罪有多大，而是神所指定的途徑的價值。我們被邀請進入『至聖所』，但我們不可以獨自進去。」

1. 甚麼是「神所指定的途徑」？
2. 為甚麼我們不能以自己的行為來到神的面前？

四、「你會聽過別人說：『我沒有離開基督教教義，只不過超越了它，進入了靈性。』但嚴格來說，如果你超越了

基督教教義，你其實就是放棄了它。每當你將它加多一點點，你就是將它減少了一點。那些放棄了基督的獨一性的人，不單止放棄了福音的一部分，而是完全放棄了它。」

1. 為甚麼不可能同時「超越」基督教教義，而又沒有放棄它？
2. 為甚麼有些人放棄基督的獨一性的時候，就是完全放棄了福音？

五、神不會悅納這四種普通的祭：

- **真摯；一些人會認為神應該悅納這種禮物，因為他們的意圖是好的。**
- **事奉；一些人會記著他們所作過的好事，並認為神因此欠他們一個人情。**
- **靈性探求。**
- **有很多人帶來的是以「內疚」為禮物；他們傷殘自己，以為他們如果能夠覺得真正抱歉的話，他們就好像付了罪的罰款，而神就會接納他們。**

1. 這些祭物作為通往神那裏的方法時，各有甚麼瑕疵？
2. 你認為這些「祭物」之中，哪一種是最普遍的？為甚麼？
3. 這些祭物中哪一種最容易誘惑你？請解釋。

六、「祭物一定要和犯的罪有同等的價值。由於我們的罪是冒犯了永生的神，我們的獻祭必須有永恆的價值。也是說，只有神才可以供給這種祂自己要求的祭物。這是福音的意思：神為我們滿足祂自己的要求。」

1. 為甚麼一個祭物必須與犯的罪有同等的價值？
2. 神怎樣為我們滿足祂自己的要求？

七、「千萬不要以為有很多途徑可以通往神那裏去。耶穌是惟一有資格的中保，惟一有資格的祭物，和惟一有資格的救主。」

1. 為甚麼耶穌是惟一有資格的中保和救主？
2. 如果有人對你說，耶穌只是通往神那裏的其中之一個方法，你會怎樣回答？

找出真理

一、讀創世記四章2至7節；希伯來書十一章4節；利未記十章1至3節；利未記十六章1至5節。

1. 為甚麼神拒絕接納該隱的獻祭？

___

___

2. 神怎樣審判亞倫的兒子？

___

___

3. 為甚麼我們接近神的方法是關係重大的？

___

___

二、讀希伯來書七章24至28節。

1. 耶穌怎樣保持一個「永遠的」祭司職分（24節）？

2. 耶穌怎樣能夠把那些藉著祂進到神面前的人拯救到底（25節）？

3. 26節怎樣描寫耶穌？為甚麼這是重要的？

4. 27節的「只一次」有甚麼重要性？

三、讀希伯來書十章11至14、19至22節。

1. 耶穌獻了多少次祭？這個祭有甚麼效果？

2. 一個「永遠完全」（即「已經被變得完全」）的人怎樣能同時間是「得以成聖」（即「逐漸被變得聖潔」）呢？

3. 依照22節說，我們應該怎樣藉著基督來到神的面前？怎樣能夠做得到？

四、讀約伯記九章32至35節；提摩太前書二章5至6節。

1. 約伯渴望甚麼？他為甚麼有這樣的渴望？

2. 依照提摩太前書所說，我們在基督裏得到了甚麼？我們是怎樣得到了這件禮物的？

五、讀約翰福音十四章6節；使徒行傳四章10至12節。

1. 耶穌在約翰福音十四章6節中作了甚麼聲言？祂的聲言怎樣不容許有其他「道路」到神那裏去？

2. 彼得在使徒行傳四章10至12節中作了甚麼聲言？他的聲言怎樣不容許有其他「道路」到神那裏去？

謊言三

神比以前更寬容

「我很高興沒有人再真正相信聖經了，否則他們會用石頭打死我們。」這是一個同性戀激進分子回應一個用聖經去定同性戀罪的基督徒時所說的話。那個激進分子的爭論是很明顯的：**由於在舊約聖經內，同性戀的懲罰就是死，你還能說你相信聖經？如果你不相信聖經，那你就別用它來批評同性戀！**

我們應該怎樣回答那些堅持神今天比祂在舊約時代更寬容的人？那時候律法規定同性戀者必須被石頭打死；通姦的人、咒詛父母的人、女巫、褻瀆神的人也一樣。我在舊約時代猶太人的法律中，找到十多種不同的罪是須要接受死刑的。

今天，甚麼事都改變了。同性戀者被邀請到教會；做父母的被教導要無條件地愛他們的兒女；通姦者受到廣泛的輔導。是的，謀殺和亂倫仍然是罪；但女巫可以在美國每一個城市透過施行巫術發達。

我們不再聽到拿答和亞比戶因為獻上凡火而被擊死的故事。我們不再讀到好像烏撒違反神的命令觸摸了約櫃而立即被神殺死那樣的記錄（撒下六6～7）。今天的人可以隨他們喜歡盡情褻瀆神和無禮對待神，而仍可活到老。史鮑爾(R. C. Sproul)觀察到，如果舊約內褻瀆神的懲罰在今日仍有效的話，每一個電視台的負責人早就被處刑了。

神是否比以前更寬容？

有兩個原因我們要回答這個問題。首先，我們須要知道我們是否有自由犯罪而無後顧之憂。現在我們是否可以隨我們歡喜地生活，認為神會以恩慈待我們，不會審判我們？一個年青的女基督徒向我吐露心聲，說她選擇過不道德的生活是因為她確定「神始終會寬恕她的」。她沒有理由去懼怕神的憤怒，因為基督已代她負起一切。她所說的引至一個問題：舊約時被強烈斥責，甚至須接受死刑的行為，我們現在是否因為知道神是寬恕的、無條件地愛我們的，我們就可以去做呢？

有一段時期，美國的基督徒或被稱為律法主義者，照著律法的字句而行。現在再沒有人如此指控我們。我們是自由的——自由地在科羅拉多州滑雪、在夏威夷的沙灘上亂跑亂跳，更可以自由地看淫穢的電影、賭博，自由地學我們在那裏工作的世界一樣的貪婪——**自由地犯罪**。我們在這個世代裏犯罪是否比在舊約時代裏犯罪安全得多？

我們須要答案的第二個原因是：我們想知道**其他人**在今天犯錯是否更安全。如果有人冒犯了你，你會希望知道你是否可以倚靠神去「擺平」這件事。一個被強姦的少女，一個被虐待的孩子，一個被不誠實的推銷員詐取了畢生積蓄的人——這些受害者和千萬與他們一樣的人希望知道，神是否慈愛到一個地步祂會寬恕這些罪？這些罪犯有多大機會要面對公義的審判？我們要求神審判我們時會寬容；但我們希望祂不會對傷害我們的人如此忍耐。所以我們想知道，我們可以信靠神是寬容的還是嚴厲的，是憐憫的還是責難的。

很多人公開譴責神在今天對極無恥和廣泛的罪沉默。問題是，我們應該怎樣理解神的沉默？神是漠不關心，還是在等待時機呢？祂改變了嗎？

在毛亞仕(Bill Moyers)主持的電視節目「創世記：一次活的對話」(*Genesis：A Living Conversation*)中，參加者同意神有新的發展。祂差洪水到地上，然後，像一個小孩子堆了一個沙堡後就憤怒地將它毀了；神後悔祂所作的，感到應該被責罰。所以，祂造了彩虹，答允以後不會再犯。大多數出席的成員都同意，那場洪水是邪惡的，完全沒有救贖的價值。他們認為隨意選擇任何一個人，他或她都會比神更慈悲。

當然，這個專題小組假設聖經只不過是人在幾千年來對神的看法的一個記錄，所以當我們進化得愈來愈寬容的時候，我們關乎神的概念也愈來愈變得寬容。因此新約聖經，因著對愛的重視，表達出一個更成熟、更仁慈的神。這必定可以解釋到舊約和新約表面上的不同。

其他的宗教自由者相信，聖經啟示了兩個神：舊約裏面憤怒的神和新約中比較慈愛、比較包容的神。這也是基於同一樣的邏輯：當人性改變的時候，我們想像中的神也跟著改變。在原始時代，人覺得神是嚴厲和不寬容的；在比較開化的時代，人覺得神是比較容忍和慈愛的。正如我們剛剛討論過的，這是以從人開始向上理解的方法來建造神的概念。

還有另一個可能性。我們能夠確定神沒有改變，祂的標準仍然一樣，但祂選擇了不同的方法與人溝通聯繫，至少有一段時間如此。實際上，我們會在這一章發現，在舊約所顯示的神的屬性，是在新約中得到確定的。我們在舊約中看到神的嚴厲，但亦看到祂的良善；我們看到祂嚴格的審判，也看到祂的恩慈。

將舊約劃分為神的憤怒，新約是祂的恩慈，是沒有好好地讀經文。真的，舊約裏的神有嚴厲的處分，但也有恩典。實在的，如果小心地讀經，神看來是寬容的。看看大衞對他的「舊約中的神」的描述：

耶和華有憐憫，有恩典，
不輕易發怒，且有豐盛的慈愛。
他不長久責備，
也不永遠懷怒。
他沒有按我們的罪過待我們，
也沒有照我們的罪孽報應我們。
天離地何等的高，
他的慈愛向敬畏祂的人也是何等的大！
東離西有多遠，
他叫我們的過犯離我們也有多遠！

(詩一〇三8～12)

事實上，同樣平衡的屬性都可以在兩約中找到。我們有強力的原因去相信神沒有改變任何一句祂在舊約所説的話。新約可能著重恩典多於律法，但結果神仍然將自己出奇地，始終如一地啟示出來。正確地理解的話，刑罰也沒有改變。但感謝神，祂的恩慈也沒有改變。

請加入我這趟探討神的性格和工作的旅程；我們會看到舊約和新約之間亮麗的和諧。當我們完成這段旅程時，我們的敬拜也許會比以前的有著徹底的不同。

神永不改變

「是誰造神的？」你或許曾經從一個小孩子的口中，或從一個想爭論「相信永恆的宇宙與相信永恆的神，是同樣有理智」的懷疑者的口中聽過這個問題。懷疑者的爭論點是：如果我們不知道神從哪裏來，我們也不須要知道宇宙從哪裏來。

當然，這是有分別的：宇宙本身並沒有存在的起因。活的神，而不是宇宙，是永遠存在的。正如神學家所說：祂是「沒有起因的起因」(the uncaused cause)。我們不能理解甚麼是沒有起因的實體。但聖經和邏輯學皆教導我們，如果沒有「沒有起因的實體」，世上也沒有任何東西可以存在，因為沒有東西可以從無變有。

聖經告訴我們：「諸山未曾生出，地與世界你未曾造成，從亙古到永遠，你是神。」(詩九十2) 從永恆的過去到永恆的將來，神都存在。我們亦會在下面看到，祂是不會改變的。

神的本質不會改變

神不會長老；祂不會加添或減少祂本來已有的力量。

祂不會更加聰明，因為祂已經知道所有事情。祂不會更加有能力，因為祂已經是全能的，有無限的能力。平奇(A. W. Pink)說：「祂不可能變得更好，因為祂已經是完美無瑕的。也因此，祂亦不可以變得差一點。」[1]「各樣美善的恩賜和各樣全備的賞賜都是從上頭來的，從眾光之父那裏降下來的；在他並沒有改變，也沒有轉動的影兒。」(雅一17)

神的真理不會改變

有時候，我們會說一些口不對心的說話，或者會許下一些我們不能守的承諾。一些不可預見的環境令我們說的話變得無價值。但神不會這樣：「草必枯乾，花必凋殘，惟有我們神的話必永遠立定。」(賽四十8)

大衞同意地寫道：「耶和華啊，你的話安定在天，直到永遠……我因學著的法度，久已知道是你永遠立定的。」(詩一一九89、152)神永不須要更改祂的主張或者修正祂的計劃。祂永不須要重定祂的時間表。

是的，聖經有不少章節講述神後悔祂所作的決定和改變祂的意思(創六6～7；撒上十五章)。在這些章節中，聖經是表達神因為人的態度而改變祂對人的回應，但沒有理由相信這些回應是不可預知或不是祂永恆計劃中的一部分。正如巴刻(J. I. Packer)說：「當祂開始用一個新的方法對待人的時候，並不暗示祂永恆的目的有所改變。」[2]

神的標準不會改變

十誡不是一列隨意寫出來的規則；它們反映神的性格

和祂所選擇去創造的世界。我們不可作假見證，因為神是真理的神。我們不可姦淫，因為創造者建立了完整無缺的家庭。「你們要聖潔，因為我是聖潔的」是兩約內都有的命令（利十一44；彼前一16）。神意欲這些誡命在我們面前維持祂的標準。「你們倒要愛仇敵，也要善待他們，並要借給人不指望償還，你們的賞賜就必大了，你們也必作至高者的兒子，因為祂恩待那忘恩的和作惡的。」（路六35）愛一些不值得愛的人這一道命令，是植根於神自己的性格上。

神的屬性是罕有地平衡的。祂將恩慈和嚴厲的公義結合在一起。祂將自己描寫成：「耶和華，是有憐憫有恩典的神，不輕易發怒，並有豐盛的慈愛和誠實。為千萬人存留慈愛，赦免罪孽、過犯和罪惡，萬不以有罪的為無罪，必追討他的罪，自父及子，直到三、四代。」（出三十四6～7）

雖然我們會死亡，但在神裏的不會死；祂將過去和未來連合在一起。那位呼召亞伯拉罕從迦勒底的吾珥出來的神亦呼召我出來事奉。那位在大馬色路上向保羅顯現的基督也拯救了我。那位將極大福分和能力帶給早期教會的聖靈，也活在我們這些藉基督得著救恩的人的裏面。聖經所記載的不能更清楚了：神沒有改變，將來也不會改變。先知瑪拉基用十個字記錄了這點：「因我——耶和華是不改變的。」（瑪三6）

黎德牧師（Reverend Henry Lyte）因為健康問題要離開他在英國得文郡的牧師職位。當他向他心愛的會眾辭行時，他與他們分享下列我們熟識的歌詞：

夕陽西沉，求主與我同居；
黑暗漸深，求主與我同居；
求助無門，安慰也無求處，
懇求不變之神，與我同居。

——《夕陽西沉》(*Abide with Me*)

在我事奉的慕迪教會裏，會堂掛了一幅標語：「耶穌基督，昨日、今日、一直到永遠是一樣的」(見希十三8)。真的，一個永不改變的神與我們同居。

神的行事方法改變了

那麼，我們應該怎樣解釋不服從的後果在舊約和新約裏的差別？如果神不是比從前更寬容的話，為甚麼舊約記載的刑罰現在沒有被執行？為甚麼現在犯罪好像更安全？

神的審判是持久的，但執行的方法改變了。祂用不同的方法與我們相交，但並沒有改變祂的意願，或減少祂對我們的要求。祂不是更容忍或包容我們的弱點。讓我解釋一下。

當一個四歲的小孩子在糖果店偷糖果被捉到，他的父親打他的屁股。假如這個小孩子在十二歲時再偷糖果，他的父親可能不會打他屁股，而會給他另外一些懲罰，例如要取回他的一些權利，或者是給他一些紀律禁制。如果這孩子二十歲時還在偷的話，可能沒有即時的後果，而是要等將來法庭的審判。我想說的是：父母對偷竊的觀點並沒有改變，但他們對這種違法的事在不同的時候會選擇不同的應付方法。當孩子長大了，擁有更多知識的時候，父母親不會減輕處分，反而會給予一個更嚴重的懲罰。

同樣，我們發覺神的觀點並沒有改變，祂的懲罰仍然嚴厲，但處分的時間表和方法有所改變。我們愈小心讀經，我們愈會意識到神不會動搖的一貫性，祂施行懲罰的意圖也是如此。祂今天憎恨罪與從前一樣的強烈。感謝神，祂給我們一個補救的方法。

我們在希伯來書十二章18至29節看到神的整體性都在西乃山和加略山上反映了出來。在這段經文中，神所有屬性都像鑽石般全部呈現出來。我們看到神沒有降低祂的標準。祂會在最終證實祂沒有因為時間而變得更成熟。那些未準備好見祂的人，將會面對一個不可想像的可怕將來。不，祂沒有改變。

這種在執行方法上的改變可以用三方面代表。看下去，西乃山和加略山的分別就是我們要尋找的答案。

屬世與屬天的比較

當希伯來書的作者提醒他的讀者時，他清晰地描述了西乃山：

> 你們原不是來到那能摸的山；此山有火焰、密雲、黑暗、暴風、角聲與說話的聲音。那些聽見這聲音的，都求不要再向他們說話。因為他們當不起所命他們的話，說：「靠近這山的，即便是走獸，

也要用石頭打死。」所見的極其可怕，甚至摩西說：
「我甚是恐懼戰兢。」

(來十二18～21)

在西乃山上，神的榮光令摩西和亞倫謙卑得禁聲和敬拜。神召摩西到山頂，叫他看到火焰、閃電和煙霧。摩西回到人羣當中，就對他們說，如果他們靠近山的話，他們就會被打死。

人和山的距離象徵著神和人類在道德上的距離。甚至連摩西也不可以直接見到神，雖然神給予他某些特權。對人羣說的話是：「不可靠近，否則會被殺死！」

試想像，搖動山嶽的力量要多大？我們即使在今天都可以從龍捲風、颱風和地震中看到神的力量。神以這些大自然的行動作為特別的顯示，提醒人們祂的力量和審判。他們不可靠近，因為祂是聖潔的。

神與人之間亦有一段垂直的距離(vertical distance)。神從天上降下來，提醒我們是屬下面的，是在地上的被造物。祂是被分別出來的；祂超過一切限度。照史鮑爾所說：「當我們遇上那位無限者，我們會敏銳地知道我們是有限的。當我們遇上那位永恆者，我們知道我們是暫時的。遇上神就是學習對比。」[3] 試想像一個新紀元者站在西乃山上，被火焰和煙霧包圍著說：「我會用我自己訂的條件來到神面前。我們都可以以自己的方法到這裏來！」

西乃山是神沒有救贖、沒有中保的所在地；繪出有罪的人站近神的聖潔時的景象。在這裏，一個沒有價值的被造者站在他最珍貴的創造者面前。在這裏，神顯示了祂永不會容忍悖逆。祂是所有神祇之上，應受敬畏的那一位。

現在來到一個重要的對比。希伯來書的作者確定：「你們乃是來到錫安山、永生神的城邑，就是天上的耶路撒冷。那裏有千萬的天使。」(來十二22)當大衞征服耶路撒冷，把約櫃放在錫安山上的時候，這座山就被認定是神在地上的居所。此後，**錫安**就代表了整個城。數個世紀之後，基督降世，死在它的圍牆外，完成了救恩來自錫安的預言。

錫安山代表了天堂敞開，而我們就獲邀請，可享受六種特權。讀一讀希伯來書十二章22至24節。首先，我們來到「天上的耶路撒冷」(22節)。作為信徒，我們已經是天國的子民。正如我們聽過，我們藉著耶穌的寶血獲邀請進到「至聖所」。

第二，作者說，我們來到千萬天使「歡聚的場所」當中(22節)。我們和這些在慶祝中的天使一同讚美神。不要忘記，這些天使也曾出現在西乃山(加三19)，但在那裏人們不可以和他們一起；這些屬天的物體在那兒吹著審判的號角。像神一樣，他們在那時也是不可接近的。

但如今我們可以和他們一起，不是與他們有團契，而是為神戰勝世界而歡欣。西乃山是恐怖的，錫安山卻是引人入勝與仁慈的。西乃山是完全關閉的，因為沒有人可以守住律法的命令；錫安山卻是完全開放的，每一個願意的人都可以從基督的犧牲中得著利益。在耶穌裏，不可接近的神變為可以接近。

第三，我們來到「有名錄在天上諸長子之會所共聚的總會」，意即基督的身體（23節）。耶穌説，門徒不要因為天使服從他們而歡喜，而是應該為他們的名字已經「寫在天上」而歡喜（路十20）。所有信徒的名字都可以在生命冊上找到；所有冊上有名的都是得勝了的教會的會友。

第四，我們來到「審判眾人」的神面前（23節），因為聖殿的幔子裂為兩半，我們可以藉著耶穌的寶血進到至聖所（來十19）。

第五，我們來到「被成全之義人的靈魂」那裏（23節）。這些可能是指舊約中，只可期望原諒、寬恕及與神和好的聖徒。在基督裏，我們在轉瞬間得到他們只能期望的東西；也可以説他們是要等候我們（來十一40）。底線是，我們將會與亞伯拉罕和很多舊約的聖徒聯合在一起。好一個家庭啊！

最後，亦是至高的，我們來到「新約的中保耶穌，以及所灑的血；這血所説的比亞伯的血所説的更美」（24節）。神接受亞伯的獻祭，但他流的血並不可以贖他的罪，更難贖他弟兄的罪。耶穌的血卻足夠贖我們每一個人的罪。

這對比是很明顯的。西乃山是被雲蓋著；錫安山卻充滿光明。西乃山是審判和死亡的象徵；錫安山卻是生命和寬恕的象徵。西乃山的信息是「不可靠近！」；錫安山的信息是「近前來！」。

看看日曆，你會同意基督將歷史劃分為二——主前（BC）和主後（AD）。但祂亦將救恩的歷史劃分為二；即便是聖殿的幔子也是從上到下分裂為二。祂的血已經流了，我們可以有信心地來到神面前。

這意思是不是說神對罪的憎恨已經除去了呢？基督的降臨是否令全能者更寬容呢？現在就在我們的討論中作結論是過早一點，讓我們繼續研讀這段經文，我們的問題將會有答案的了。

此外，要形容執行方法的改變還有第二個方法的。

舊的約與新的約的比較

我們知道耶穌是「新約」的中保(24節)。它的意思是甚麼？如果祂與我們立新的約，甚麼是**舊的**約？

在舊約時代，神與整個以色列民族立了約。祂選擇了用王帝和先知直接管治，逐步顯示祂的旨意，叫他們跟隨祂的指引。先知可以說：「神的話臨到我」，然後對王帝說神的旨意是這樣這樣。那時候沒有好像我們現在那般將宗教和國家劃分。國家的存在只是為了履行神的旨意。

很明顯的，舊約時代宗教是沒有自由的。拜偶像的懲罰只有死。給以色列國的十誡的第一條是：「除我以外，不可有別的神。」如果人民不服從，懲罰就立即降臨。在我們的標準來看，懲罰且是十分嚴厲的。

耶穌帶來了一些激進的教導，可以令祂的門徒在異教的政府下生活。祂來，不是要推翻羅馬在以色列的統治；實在的，祂的國度並不在地上。當別人問祂是否應該交稅給異教的羅馬人時，基督回答說：「該撒的物當歸給該撒，神的物當歸給神。」(路二十25)是的，信徒可以交稅給一個腐敗的政府，而同時亦可完成對神的責任。

耶穌的教導包含兩大改變。首先，神不再與單一個國家交往，而是與所有國家的每一個人交往。祂會向現在所有國家呼召不同民族、不同言語、不同階層的人組成一個新的國際羣體——教會。這些人大部分會生活在一些有敵意的政治環境下。但我們這些被呼召的，無論在甚麼環境下，都要繼續代表祂作鹽、作光。

第二，在我們這時代，我們要盡可能服從地上的政權；我們要照著它們的命令去做，除非這些責任與我們的良心有牴觸。保羅在羅馬獄中寫道，我們必須服從政府(在他是指尼祿)，因為政府的權柄都是神所賜的(參羅十三1)。

作為一個教會，我們的議程不是要接管國家政權。當然，基督徒應該以好市民的身分參予政府的運作。但我們首要的信息是藉著個人的更新令所有國家更新。早期門徒的苦難比我們國家有的更多。他們雖然沒有任何政治背景，在羅馬的議會當中沒有選舉權，但他們改變了他們的世界。正如歷史學家路加說的，他們「攪亂天下」(徒十七6)。

當保羅來到沒有道德的哥林多城，他的教導像是一種新奇的思想：教會的責任並不是用道德去審判不信的世界，而是用福音，也就是「神的力量」去審判(林前一18)。他這樣寫給教會：

> 我先前寫信給你們說，不可與淫亂的人相交。此話不是指這世上一概行淫亂的，或貪婪的，勒索的，或拜偶像的；若是這樣，你們除非離開世

> 界方可。但如今我寫信給你們説，若有稱為弟兄是行淫亂的，或貪婪的，或拜偶像的，或辱罵的，或醉酒的，或勒索的，這樣的人不可與他相交，就是與他吃飯都不可。
>
> 因為審判教外的人與我何干？教內的人豈不是你們審判的嗎？至於外人有神審判他們。你們應當把那惡人從你們中間趕出去。
>
> (林前五9～13)

如果你在世界裏工作，又決定不與那些行淫亂的，或貪婪的，或拜偶像的人吃飯，那你只可能自己一個人吃午餐了！當然，我們可以與這樣的但不自稱為基督信徒的人一同吃飯。但如果一個基督徒以這種方式生活，我們又與他有交情，一起吃飯，或者喜歡與他結伴，我們是在一定的程度上贊同他的罪。保羅説，為了要幫助他們看到他們的錯處，連與他們一起吃飯也不要。

現在我們開始明白，為甚麼今天我們不像舊約時代那樣將人處死。我們對教外的人沒有審判的權力；國家會審判那些犯了法的人。這些法律都應該得到維護。但有一點很重要：舊約記載應該受死的行為，仍然是現在教會禁戒信徒不要作的違法的事。我們沒有權利奪去一條生命，我們沒有權利執行死刑，但我們可以宣判，那些浸淫於罪中的人，他們靈命的死亡。保羅指示哥林多教會不可將不道德的人處死，但要將他們逐出教會(林前五5)。維持這種紀律是我們的責任。

如果我們認為只因基督來了我們就可以無虞地犯罪，那我們多愚蠢啊！救恩的目的是為了令我們可以有聖潔的生命。當然，神會寬恕，這是真實的，感謝祂。但我們的罪，特別是故意犯的罪，永遠招來神的管教。我們須要追求聖潔，因為「非聖潔沒有人能見主」(來十二14)。神並沒有更改祂列出的罪行表。

有一位女士對她的牧師說：「我過有罪的生活，不過這是不同的，因為我是基督徒。」牧師回答說：「是不同的。對一個基督徒來說，這些罪是更加嚴重的。」真的，神對我們的反叛看得很嚴重，以至聖經警告說：「我兒，你不可輕看主的管教，被祂責備的時候，也不可灰心；因為主所愛的，祂必管教，又鞭打凡所收納的兒子。」(來十二5～6)

最後，還有一個重要的方法去描寫西乃山和加略山的對比。以下我們將會明確地回答，神是否比祂以前更寬容這個問題。

即時的、身體上的審判和將來的、永恆的審判

請繼續讀這段令人驚訝不已的經文：

> 你們總要謹慎，不可棄絕那向你們說話的。因為那些棄絕在地上警戒他們的尚且不能逃罪，何況我們違背那從天上警戒我們的呢？當時他的聲音震動了地，但如今他應許說：「再一次我不單要震動地，還要震動天。」這再一次的話，是指明被震

動的，就是受造之物都要挪去，使那不被震動的常存。

(來十二25～27)

我們不可錯失這點：如果神在西乃山說話時，祂審判那些離棄祂的人，試想想從天上，從錫安山來，向現代離棄祂的人的審判將會多大！在西乃山聽到神說話的猶太人死在曠野，不能進入應許美地。他們最初的懲罰只是身體的死亡，不過，因為他們的反叛，他們也會有永恆的靈魂的死亡。今天，神通常不會用即時的身體上的死亡去審判人，但靈魂死亡的審判仍然存留，而且譴責會更大。

如果神審判那些不大明白救恩的猶太人，試想想祂對那些聽過基督的來臨、受死及復活的人會怎樣！如果猶太人不能進入應許美地，今天那些拒絕基督的人不單止今生失去了靈的福分，而且肯定會受到永恆死亡的審判。他們的命運實在不堪想像！

神在西乃山震動大地。神在錫安山將會震動整個宇宙。「再一次我不單要震動地，還要震動天。」(26節) 這節經文出自哈該書二章6節，先知預言神必審判世界 (參啟六12～14)。一切可以被震動的東西——代表整個物質世界——都會被毀滅，只有永恆的東西會留存 (參彼後三10)。

不要遺漏第一個原則：**恩典愈大，拒絕它所引致的審判也愈大**。神為我們所做的愈多，我們接受它的責任也愈大。舊約的審判大多數是身體上的；在新約，它們是永恆的。朋友，如果你從未因著救恩將你的信靠轉向基督的話，加略山的恐懼要比西乃山的恐懼更大！

希伯來書的作者在其他章節直接地對付這個問題：在我們從過去進入現代時，神有否放鬆了祂的審判？如果我們記得西乃山的律法是與天使一起頒布的話，我們會明白他的論點：「那藉著天使所傳的話，既是確定的，凡干犯悖逆的，都受了該受的報應。我們若忽略這麼大的救恩，怎能逃罪呢？這救恩起先是主親自講的，後來是聽見的人給我們證實了。」(來二2～3) 他以小的論點推論至大的論點：如果律法要求嚴厲的刑罰，想想那些拒絕救恩的人的刑罰會有多大！

在某一方面我們可以說，舊約苛刻的刑罰證明了恩典的豐盛：當看見懲罰會立即降臨，人們會在他們的視覺上感到他們必須敬怕神。在我們的時代，這些刑罰被丟棄，結果人們可以自由地將神的忍耐誤解為放縱或漠不關心。

今天神容許罪的積聚，並且延遲審判。保羅寫信給那些對神硬了心的人說：「你竟任著你剛硬不悔改的心，為自己積蓄憤怒，以致神震怒，顯他公義審判的日子來到。」(羅二5) 報應及公義沒有離開過神的注意。恩典會給人一種容忍的錯覺。如果解釋不正當的話，會形成犯罪的許可證。事實上，新約的作者猶大警告說：「有些人……是不虔誠的，將我們神的恩變作放縱情慾的機會，並且不認獨一的主宰、我們主耶穌基督」(猶4)。他們將神的忍耐和神的仁慈混為一談。

第二個原則：**我們永不可將神的沉默當作祂的漠不關心**。神的長久忍耐不是軟弱或漠不關心的象徵；它的目的是想幫助我們悔改。「主所應許的尚未成就，有人以為他是耽延，其實不是耽延，乃是寬容你們，不願有一人沉淪，乃願人人都悔改。」(彼後三9) 將祂的「緩慢」看成祂會讓我們避免審判的日子是錯誤的。所羅門在傳道書警告，延遲施行審判鼓勵了人作惡。「因為斷定罪名，不立刻施刑，所以世人滿心作惡。」(傳八11) 我們很容易會將神的忍耐誤解為祂的容忍！

最終，所有的懲罰一定會被執行；報償一定要支付；沒有事情會被忽略。在白色大寶座前的審判，所有世代不信的人都會被召來結算帳目，一絲不苟地被審判。那些認為舊約的嚴厲和新約的容忍有分別的人應該小心研讀下面的經文：「於是海交出其中的死人，死亡和陰間也交出其中的死人。他們都照各人所行的受審判。死亡和陰間也被扔在火湖裏，這火湖就是第二次的死。若有人名字沒有記在生命冊上，他就被扔在火湖裏。」(啟二十13～15) 這樣恐怖的事沒有在舊約中出現過。

犯罪是否安全的？魯益師在《獅王．女巫．衣櫥》(*The Lion, the Witch, and the Wardrobe*) 中，講述四個小朋友的故事。他們在樓頂的一個衣櫃後面進到一個魔幻世界。在那裏亞這個地方，動物會說話。其中有一隻特別榮耀的動物，一隻尊榮的獅子，代表了基督。一羣河狸向新到那裏亞的露茜、蘇珊和彼得描述這隻獅子。他們害怕見到獅子亞士蘭。孩子們問的問題顯出了他們對獅子的恐懼。

蘇珊說：「噢！我還以為他是個人呢。他是否安全的？與一隻獅子見面，我覺得有點緊張。」

河狸太太說：「親愛的，你應該會這樣。如果任何人面對亞士蘭時不戰抖的話，他如果不是比其他人勇敢就是一個大傻瓜。」

露茜問：「那麼他不安全嗎？」

河狸先生說：「安全？你沒聽到河狸太太說甚麼嗎？誰說安全的。他當然不安全。不過他很良善。我可以告訴你，他是國王。」[4]

神安全嗎？當然不。「落在永生神的手裏，真是可怕的！」(來十31) 不過，感謝神，祂是良善的，而且如果我們藉著基督回應祂，祂必拯救我們。

如果我們仍然覺得神在新約比舊約時更容忍罪的話，讓我們看看祂的兒子在加略山所忍受的。試想想祂在我們的罪孽重擔下所受的折磨。我們在這裏知道我們要為自己的罪付上懲罰，或者將它放在基督的肩上。任何情形下都要付上應有的、合適的懲罰。由於我們不可能支付自己的罪債，我們只好永遠背負這些罪債，除非我們來到基督的保護下。只有基督才能將神對我們的憤怒化解。

延遲了的公義等於否決了公義，這種說法對嗎？在人的法院來說是對的，因為經過長時間後，證據通常都被遺失了，犯人可以獲得釋放。但這並不適用於在天上的最高法院。在神來說，沒有事實是會遺失的，沒有證據可以被誤解。整個地上的情形可以重演，以至一絲不苟的公義可以得到滿足。法律的完整性會獲勝，我們可以永遠地唱：「救恩、榮耀、權能都屬乎我們的神。祂的判斷是真實、公義的。」(啟十九1～2)

耶穌是否好像古老的童謠說的，只是「溫柔馴服」的呢？在上面介紹過的魯益師的故事中，孩子們遇見獅子亞士蘭。露西觀察到牠的腳掌是可以很動人，也可以是很恐怖的。當爪子收起來時，腳掌柔軟得像天鵝絨。當爪子伸出來時，就好像刀子一樣鋒利。基督是溫柔謙卑，但也是剛烈正義的。讀到這樣對基督的描寫，你會同意新約內的警告與舊約內的同樣地恐怖。

> 他審判，爭戰，都按著公義。他的眼睛如火焰，祂頭上戴著許多冠冕；又有寫著的名字，除了他自己沒有人知道。他穿著濺了血的衣服，他的名稱為神之道。在天上的眾軍騎著白馬，穿著細麻衣，又白又潔，跟隨他。有利劍從他口中出來，可以擊殺列國。他必用鐵杖轄管他們，並要踹全能神烈怒的酒醡。在他衣服和大腿上有名寫著說：「萬王之王，萬主之主。」
>
> （啟十九11～16）

隨著這段經文的，是作者不可思議地描寫基督執行祂的審判後的大屠殺。祂手拿利劍將祂的敵人一一擊倒，讓他們橫屍戰場上。就算我們只將這些當作象徵式寫法，它的意思不可能少於要啟示全能神要報復的意思。西乃山的主也是錫安山的主。

最後，比喻地說，**我們必須先到西乃山，才能到錫安山**。我們必須先看到我們的罪，才能珍惜恩典。在含有寓意的《天路歷程》(*Pilgrim's Progress*)中，一個名叫基督徒的人背負著他的罪流浪。但他的重擔超過他所能負擔的。還好，他來到加略山，他的重擔可以轉到一個能夠背負它的、名叫「人物」的人的肩上。他很高興，聖子在加略山已負起了西乃山的恐懼。那些對自己很滿意、不因神的聖潔律法而恐懼的人是何等悲哀。由於他們看不到他們是失落了，他們不需要被救贖；他們全神貫注地只顧自己，卻失去了為他們的罪而悲傷的能力。

我們對那些意識到他們的需要的人說：「來！」到錫安山接受憐憫和赦免，站在西乃山看你自己的罪，然後徘徊在加略山上看你所得的赦免。「所以，我們既得了不能震動的國，就當感恩，照神所喜悅的，用虔誠、敬畏的心事奉神。因為我們的神乃是烈火。」(來十二28～29) 西乃山上有烈火；最後的審判同樣會有烈火。神乃是烈火！

麥高樂這樣寫道：

> 火因它威嚴的屬性而得到尊重。它不可被觸摸，只可以小心地接近。它對好的與壞的都揮動它的權杖。小小一點星火可以將整個森林化為灰燼；將一個家化為回憶，留下只有煙霧從燒焦了的家庭相簿冒出。一點兒火花可以點燃溫馨浪漫的燭台，也可以挑起壁爐中跳躍的禦寒暖火。火實在危險，但我們生活中不可以沒有它。火能破壞生命，亦能維持生命。[5]

早些時，我們聽到一個故事：當一個人與他的女兒在大草原看到遠遠有大火。父親害怕會陷入火海中，提議在他們站立的地方放一把火。他們將一小片、一小片的草地燒去，形成一個逐漸擴大的圓形。當遠方的大火燒到的時候，父親安慰驚慌的女兒說，大火不會在同一地方燒兩次。父親與女兒站在火燒過的地方是安全的。

當我們來到錫安山，我們來到西乃山的火曾燒過的地方。我們來到惟一安全的地帶；我們來到被歡迎的地方。在那裏，我們獲蔭庇可避過可怕的審判。

神的兒子忍受了那向我們燒過來的烈火。只有那些信靠祂的人才可以避過這場火。

個人的回應

有這樣一個故事：一間猶太會堂的會友向他們的教師說，會堂的崇拜儀式表達不到他們的感受，他可否將它改得適合一點？教師對他們說，儀式不是用來表達他們的感受，他們卻有責任去感受儀式要表達的東西。

這是一個好的教訓。在這個時代，一些強調崇拜時的「感觀需要」的人忘記了將來我們最重要的「感觀需要」是能夠藉著基督的公義覆蓋，得以站在神面前。真正的問題不是我們的感受，而是神的感受。我們的責任是「學習感受」神所感受的。

讓我們在兩座代表兩約的山上敬拜。我們必須先到西乃山，以提醒我們的罪；然後到加略山，以提醒我們所得的恩典。

到了第三天早晨，在山上有雷轟、閃電，和密雲，並且角聲甚大，營中的百姓盡都發顫。摩西率領百姓出營迎接神，都站在山下。西乃全山冒煙，因為耶和華在火中降於山上，山的煙氣上騰，如燒窰一般，遍山大大地震動。角聲漸漸地高而又高，摩西就說話，神有聲音答應他。耶和華降臨在西乃山頂上，耶和華召摩西上山頂，摩西就上去。耶和華對摩西說：「你下去囑咐百姓，不可闖過來到我面前觀看，恐怕他們有多人死亡。」

(出十九16～21)

我們現在轉到加略山：

從午正到申初，遍地都黑暗了。申初的時候，耶穌大聲喊著說：「以羅伊！以羅伊！拉馬撒巴各大尼？」(翻出來就是：我的神！我的神！為甚麼離棄我？)

旁邊站著的人，有的聽見就說：「看哪，他叫以利亞呢！」

有一個人跑去，把海絨蘸滿了醋，綁在葦子上，送給他喝，說：「且等著，看以利亞來不來把他取下。」

耶穌大聲喊叫，氣就斷了。

殿裏的幔子從上到下裂為兩半。對面站著

的百夫長看見耶穌這樣喊叫斷氣，就說：「這人真是神的兒子！」

（可十五33～39）

讓我們和那百夫長一起說：「這人真是神的兒子！」

註：

1. A. W. Pink語，轉引自 J. I. Packer, *Knowing God* (Downers Grove, Ill.: InterVarsity Press, 1973), p.69。
2. Packer, *Knowing God*, p.72.
3. R. C. Sproul, *The Holiness of God* (Wheaton: Tyndale Publishers, 1985), p.63.
4. C. S. Lewis, *The Lion, the Witch, and the Wardrobe* (New York: Macmillan, 1950), pp.75～76.
5. McCullough, *The Trivialization of God*, p.20.

思考問題

查明謊言

一、「我們在這個時代裏犯罪是否比在舊約時代裏犯罪安全得多？」

1. 回答這個問題。
2. 你認為為甚麼一些人相信，在這個時代裏犯罪比在舊約時代裏犯罪「安全」得多？

二、很多人相信，「當我們進化得愈來愈寬容的時候，我們關乎神的概念也愈來愈變得寬容。因此新約聖經，因著對愛的重視，表達出一個更成熟、更仁慈的神。」

1. 有人向你說這麼一些話時，你會怎樣回應？
2. 為甚麼舊約著重「律法」，新約著重「恩典」？這兩者是否互相排斥的呢？請解釋。

三、「在舊約所啟示的神的屬性，是在新約中得到確定的。我們在舊約中看到神的嚴厲，但亦看到祂的良善；我們看到祂嚴格的審判，也看到祂的恩慈。」

1. 請列出幾種神的屬性，是在舊約裏啟示出來，並在新約中得到確定的。
2. 請描寫幾個在舊約中發生的事件，是講述到神的良善和祂的恩慈的。

四、神最少在三方面是不改變的：

- **神的性格不會改變**
- **神的真理不會改變**
- **神的標準不會改變**

1. 從聖經中找出例子，證明神的性格不會改變。
2. 從聖經中找出例子，證明神的真理不會改變。
3. 從聖經中找出例子，證明神的標準不會改變。
4. 神會否改變，對我們的行為有甚麼影響？

五、「神的觀點並沒有改變，祂的懲罰仍然嚴厲，但處分的時間表和方法有所改變。」思想三方面神如何改變管治世界的方法：

- **屬世與屬天的比較**
- **舊的約與新的約的比較**
  - **—神不再與單一個國家交往，而是與所有國家的每一個人交往。**
  - **—我們沒有權利執行死刑，但我們可以宣判，那些浸淫於罪中的人，他們靈命的死亡。**
- **即時的、身體上的審判和將來的、永恆的審判**

1. 神對世界的管治怎樣從「屬世的」轉為「屬天的」？
2. 為甚麼神現在不再與單一個國家交往，而是與所有國家的每一個人交往？這樣如何改變了我們處理繼續犯罪的人的方法？
3. 為甚麼神通常不將即時的、身體上的審判，降與那些繼續犯罪的人的身上？我們怎樣可以確定神將來一定會對罪作出算帳？

六、思想神管治祂的世界的三個原則：

- **恩典愈大，拒絕它的審判也愈大。**
- **我們永不可將神的忍耐當作是祂漠不關心。**
- **比喻地說，我們必須先到西乃山，才能到錫安山。**

1. 用你自己的字句說出這三個原則的意義。

2. 你有沒有先到西乃山，才到錫安山？請解釋。

找出真理

一、讀出埃及記三十四章6至7節；詩篇九十篇2節；詩篇一百零三篇18節。

1. 你從這些經文中學習到神是怎樣的？

____

____

2. 這些關於神的真理怎樣影響你？

____

____

二、讀雅各書一章17節；瑪拉基書三章6節；希伯來書十三章8節。

1. 你從這些經文中學習到神是怎樣的？

____

____

____

2. 為甚麼記著這些真理是重要的？

三、讀以賽亞書四十章8節；詩篇一百一十九篇89、152節。

1. 你從這些經文中學習到神的真理是怎樣的？

2. 這些真理怎樣影響我們生活的方式？

四、讀希伯來書十二章18至29節。

1. 18至29節怎樣描寫西乃山？這有甚麼重要性？

2. 22至24節中描寫了錫安山的哪六種福分？

3. 25節提出怎樣的警告？

4. 在26至27節中，這警告是怎樣「實牙實齒」的？

5. 作者在28節怎樣鼓勵我們回應？

6. 作者為甚麼在這段經文結尾時強調「烈火」？

五、讀哥林多前書五章9至12節；彼得後書三章9節。

1. 依照哥林多前書五章，信徒應該怎樣應付那些繼續犯罪的基督徒？為甚麼不要採取更強的態度？

2. 彼得後書三章9節啟示的神的心是怎樣的？有時候我們怎樣誤會了祂的恩慈？

六、讀希伯來書十章31節；彼得後書三章10節；啟示錄六章12至14節，二十章13至15節。

1. 你從這些經文中學習到神是怎樣的？

2. 這些經文怎樣表明神的不變？

七、比較創世記十九章16至19節與馬太福音二十七章45至54節。

1. 你從這兩段經文中找到甚麼相同之處和不同之處？

2. 從這些經文中，你認為神的形像是怎樣的？

3. 如果這一刻你就要站在神的面前，你認為祂喜悅你嗎？請解釋。

謊言四

神從沒有親身經驗過苦難

神有受過苦嗎？

猶太人想知道，第二次世界大戰納粹德軍對猶太人進行滅族行動 (Holocaust) 的時候，神在哪裏。基督徒想知道，亞美尼亞人被屠殺的時候，神在哪裏。高索科人想知道，在他們血腥的內戰期間，神在哪裏。實在的，沒有一位讀者在面對悲劇的時候不會問這個問題：在我的伴侶染上癌症或者早逝的時候，神在哪裏？我們也想知道，祂從來有沒有親身體驗過苦難呢？祂有否進入到人類的痛苦中？

很多人相信基督教的神對這個星球的居民的苦難是漠不關心的。一些人相信，新紀元宗教的神祇，或者東方的神祇更適合我們的困境，因為這些神祇並不宣稱它們是全能的。一個在我們裏面的神祇很難為世界的邪惡負上責任。但基督教的神，一個不倚靠宇宙而存在的、回應禱告的、據稱創造萬物的神，應該更受責備。一個看見人類受苦，又不加以干涉的神，很難值得人敬拜。

你會如何回答有這種思想的懷疑者？或者你會想提醒他，太陽和雨水令農作物成長，我們才有食物。這種真理很難説服一個懷疑者。真的，我們有雨水滋潤大地，但也有洪水、颱風、龍捲風。地球很多地方是穩如泰山的，但很多國家常常發生地震。數以百萬計的人類享受健康的生命，但很多人因為饑荒、天災、或疾病，很年輕就死於痛苦中。好好地看看大自然，你不會覺得神是真正關心的。丹巨飛(Rodney Dangerfield)的妙語提醒了我：「我放一隻貝殼在耳旁，聽到的是很繁忙的信號。」

或者你會想將人性指給他看。我們都知道人會關心別人，這可等於說神關心我們。但相對每一個有愛心的人，都有一個殘忍的人。相對每一個慷慨的人，都有一個貪心的人。只要看看今天的頭條新聞，人怎樣對待別人，你很難找到證據證明有一個真正關心世界的神。

我們直覺地相信，一個不會受苦的神是一個不會愛的神。作為信徒，我們不可能要一個喜歡譏諷的世界聽我們說話，除非我們可以證明神真的關心。而因為祂關心，祂不單止明白我們的苦難，祂亦親自體驗過苦難。

因為有懷疑主義，假的宗教加深了這種信念，認為基督教的神對我們的慘況漠不關心。甚至那些想相信的人也認為神並不仁慈。很可悲的是，祂的門徒似乎也一樣。很多人覺得基督徒愛責難，只顧自己，不願意離開他們的安樂窩。

魯益師寫道他常常置身在欺騙的邊緣：「不是我有不再相信神的危機。真正的危機是相信一些有關神可怖的故事。我害怕的結論不是『最終都是沒有神』，而是『神實在就是這樣子的，不要再欺騙你自己了』。」[1]

我們有理由不相信那些有關祂可怖的事嗎？我們可以正直地說，神在乎，所以每一個人都重要嗎？我們只有在十字架上才無疑問地看到神的愛。這是神做得最盡的事，是祂最有雄心的拯救行動。神親自從深淵的那一邊來到我們這一邊，願意代我們受苦，與我們一起受苦。祂的愛在十字架上清楚地播送給整個世界。在這裏，我們最終找到了實在的原因去相信，神與人之間有真正的聯繫。這裏有恩慈，這裏有公義，這裏有一位與我們一起受苦的神。

在十字架前，懷疑主義完結了。

聖經告訴我們，在迦略山，「神在基督裏，叫世人與自己和好」(林後五19)。這幾個字就是福音的本質，神接近我們的保證，對懷疑者的答案。神為我們建造了一道橋，還付出了所有的建築費。祂與我們肩並肩地走過深淵，進入我們的苦難。我們在這裏看到一位神，祂自己面對流行術語稱為「命運」的殘忍的打擊，雖然這些打擊是祂預定了要接受的。我們在這裏遇上了一位神，祂會使我們驚異，迷住我們的心。

為了要更好明白神的苦難，我們須要走一趟旅程——由熟識的小溪開始，終結於神的慈愛和個人化的恩典。如果我們專注地仰望十字架，我們會找到一位不單止審判的神，也悲哀的神；不單止責備的神，也醫治的神——一位曾受苦難的神。

有三個普通的詞語，將帶領我們到並不普通的福分：**自代、順服和受苦**。

神的自代

「代替」的概念有如伊甸園一樣古老。神在伊甸園為了遮蔽亞當和夏娃的裸體而殺了一些動物。那些動物的血為了我們的始祖而流，為了要表明在遙遠的將來會有更好的祭。從那時開始，「**取代了某某的位置**」這一句說話成了舊約神學的重點。

當一個天使阻止亞伯拉罕獻以撒的時候，「有一隻公羊，兩角扣在稠密的小樹中」(創二十二13)。亞伯拉罕就按天意地取了那隻公羊來，獻為燔祭，**取代了他兒子的位置**。獻祭這一個詞暗示了「代替」的意思。

當以色列人快要離開埃及時，他們將一隻羊的血灑在門框上，叫死亡的天使逾越他們而去。因此那隻羊**取代了每個以色列家庭頭生兒子的位置**而死亡。但這些羊只是象徵性的；牠們不能永遠遮擋以色列人的審判和取代國家的罪。

代替的祭物應該有足夠的價值去擔付懲罰。當神觀察整個宇宙，祂找不到任何祭物有資格救贖人類。沒有動物或人有資格。如果在神和我們之間存在的罪的阻隔要被挪開的話，神只好用祂自己作為代替品。感謝神，祂就是這樣做了。

先知以賽亞就好像坐在十字架下描寫基督的使命一樣：

他誠然擔當我們的憂患，
背負我們的痛苦；
我們卻以為他受責罰，
被神擊打苦待了。
哪知他為我們的過犯受害，
為我們的罪孽壓傷。
因他受的刑罰，我們得平安；

因他受的鞭傷，我們得醫治。
我們都如羊走迷；
各人偏行己路；
耶和華使我們眾人的罪孽
都歸在他身上。

(賽五十三4～6)

神藉著基督選擇了負起祂自己所要求的懲罰。神成為我們的法官和我們的代替品。祂將我們判入永恆的咒詛，又代我們付出代價。引用勤菲特 (Charles Cranfield) 在他的羅馬書註釋中所說的：「因為神的憐憫，祂願意寬恕罪人。也因為祂是真正的慈悲，祂願意以公義寬恕他們。也就是說，祂不會接受他們任何的罪。神計劃將他們應受的義憤轉在祂的兒子——也即是祂自己——身上。」[2]

最近，我閱讀到一個母親擋在兩歲的兒子前面，抵受了一輛失控的汽車的衝擊力，免得他被撞倒。結果她當場死亡，但兒子活了下來。她成為那代替品，保存了她至愛的人在世上的生命。在字面上可以說，她**取代了兒子的位置**而死亡。同樣，神將我們從永遠的道德和靈性失喪這些更恐怖的命運中拯救出來。而祂擋在傷害的面前，抵受所有的衝擊力。加爾文這樣寫道：「這是我們的開釋。我們應受懲罰的罪，已經轉到神的兒子的頭上。」[3]

我在飛機上與一位女士談話。她奇怪為甚麼我能這樣肯定我和神的關係。她好奇地問：「你怎能知道如果這班飛機墜毀的話，你一定會到天堂去？」

我回答說：「我可以確定，因為我確信當我面對神的時候。基督的犧牲是神對我要求的全部。因為這個犧牲是完全可以被接納的，我也可以完全被宣告無罪。」何爾太太(Mrs. H. M. Hall)這樣寫道：

主替我捨身，
罪債全還清，
無數罪孽污穢心，
主洗比雪白淨。

——《罪債全還清》(*Jesus Paid It All*)

斯托得這樣寫道：「罪的本質是人將自己取代了神；救恩的本質則是神將自己取代了人。」[4]

現在我們從一些熟識的事，轉到一些不大熟識的事。我們必須要探求天父和聖子的關係的奧祕，以及受苦的神的角色。

神的順服

在上面引用過的經文中，以賽亞將基督描寫成一個甘願的受害者。「他被欺壓，在受苦的時候卻不開口；他像羊羔被牽到宰殺之地，又像羊在剪毛的人手下無聲，他也是這樣不開口。」(賽五十三7)先知將耶穌比作一隻羊羔，不是因為祂是軟弱的，而是因為祂是順服的。祂本來可以呼召天使救祂，但祂自願為我們死。

是誰將基督釘在十字架上？是猶太人，是外邦人，是我們，也是神。我們在這件事上必須防避一個我們容易犯的錯誤。一些人相信慈悲的基督勸一個不大願意的神為人類的痛苦做一點事，而祂勉強地同意了。神然後將祂對邪惡的人類的憤怒轉到基督的身上。

那些對十字架持有如此流行意見的人，常常會引用相同的經文來支持他們。他們說，基督「誠然擔當我們的憂患，背負我們的痛苦；我們卻以為他受責罰，被神擊打苦待了」（賽五十三4）和「耶和華卻定意將他壓傷，使他受痛苦。耶和華以他為贖罪祭。他必看見後裔，並且延長年日。耶和華所喜悅的事必在他手中亨通」（賽五十三10）。一個憤怒的神要從基督身上收回每一分錢的罰款；這樣的形像會將我們對全能者的理解完全扭曲。如果不好好地明白它的意思，它會導致我們想象很多關於祂恐怖的事。我們會看到一個慈愛的、願意的聖子，但一個頑固的、嚴厲的天父。

這樣的解釋在神的大愛面前是胡言亂語。實在的，神的救贖工作是由祂自己始創的。基督降臨是因為「我們神憐憫的心腸」（路一78）。聖經裏最著名的經節教導說：「**神**愛世人，甚至將祂的獨生子賜給他們」（約三18）。因為祂的慈愛，天父開始救贖的工作；天父是一位拯救的神。

天父和聖子一同開始這工作。正如斯托得所寫：「我們因而不可以說神懲罰耶穌，或者說耶穌勸告神。因為如果這樣說，就是將祂們分成對立的兩方，好像兩方是獨立自存，甚至是敵對的……天父並沒有將一些聖子不想負的苦難放在祂身上。聖子也沒有從天父榨取一些祂不想贈予的救恩。」[5] 斯托得正確地指出，天父的旨意和聖子的旨意，都符合完美的自我犧牲的愛。我們永不應將聖子和天父看成互相敵對的。

雖然耶穌在十字架上大聲喊著說：「我的神！我的神！為甚麼離棄我？」(可十五34)，但如果天父在十字架上真的離棄祂的兒子，這只是因為祂們早已同意照祂們選擇了的救恩計劃如此做。

如果天父和聖子在創造宇宙的事上是決定一致的話，祂們同樣地在更偉大的救恩工作上也是一致的。雖然，道的降生邀請我們辨別神不同的位格，這並不容許我們將祂們看成為敵對的。正如我們剛才讀過：「這就是**神在基督裏**，叫世人與自己和好，不將他們的過犯歸到他們身上，並且將這和好的道理託付了我們。」(林後五19) 這不表示神是我們的僕人，而是表示祂選擇了以自己來滿足我們在救恩上急切的需要，以便最後達成祂所意願成就的。祂將自己順服在我們的需要面前。

現在我們順流而下，跋涉在沉思的深澗中，希望明白為我們受苦難的神。我們必須小心我們的步伐，記著我們要進入道成肉身和釘十架的奧祕當中。我們的挑戰是保持在神所顯示的範圍內，不過仍然可以無懼地說：**神**為我們受苦。

神的苦難

我們來到一個可以被稱為歷史的轉捩點，一件使我們摸不著頭腦的事情。我們要默思十字架的意義。但在我們開始前，我們要衡量神是否真能受苦這個問題。

神**可否受苦**？神**受過苦**嗎？神**在受苦**嗎？

在最初幾個世紀的教會裏，信徒們花很多時間討論這個問題：神是無知覺的，也是說，神不能感受到痛苦。一些人說，神沒有一些可以被世界所發生的事而影響的感情；這不是因為祂遠離我們或是漠不關心，而是祂實在不會受到我們的創傷而影響。很多人都教導說：神在恐懼之外；祂將恩典賜給我們，但祂不會與我們一起受痛苦。

韋敏斯德公認信條(The Westminster Confession of Faith)確認神是「沒有身體、肢幹或感情，祂是不可改變的」。[6]甚至有一些現代的神學家爭辯，在十字架上受苦的只是基督的人性，而不是神性。他們贊成基督的愛就是神的愛，基督的力量就是神的力量，但是基督的苦難不屬於神。神不可能在「神人」道成肉身時受苦。只是在祂被釘前的那一夜，惟獨祂的人性才充滿情感。

這種觀念的原因有兩個。首先，神是不可以改變的：「因我——耶和華是不改變的」(瑪三6)。起伏的情緒會與祂的完美有牴觸。

其次，神是自存的；祂在自己裏面已經有了一切需要的資源，供給祂的娛樂和享受。祂不必外求歡樂或痛苦。祂不可能成為邪惡的受害者；祂不可能像我們一樣，受同樣的波動支配。所以，甚至是在基督死的時候，神的本性也沒有受苦。

這種說法是否合乎聖經教訓？

我同意，如果將神比作一個孩子那樣地發脾氣；或者像一個被情人拋棄的人那樣地傷心；或更甚者，像一個希望他所愛的人愛他，但卻不能得到愛的人那樣；這些說法是不敬的。更不敬的是將神看成是祂自己的感情的受害者；並好像我們一樣，不能為祂變幻不定的情緒和感情作任何事。一個因為祂作不了甚麼事而受苦的神，或是一個因為環境不受祂控制而受苦的神，都只是一條不值得我們敬仰的可憐蟲。

雖然如此說，但要記著，是**神選擇受苦**的。祂選擇了被一些人拒絕，被另一些人接受；祂選擇了祂所愛的兒子來代我們受苦。我們所能知道的是，祂本可以選擇其他的事。在祂面前很可能有數之不盡、沒有失喪的、沒有罪的、不需要救贖的世界。但祂選擇了這一個不公義、有痛苦的計劃。我們是獲邀請去相信，從永恆的角度來看，這是最好的計劃。(見第八章)

作為人類，我們受苦不是自願的。生活中的喜怒哀樂大都不是受我們掌管的。但一切都掌管在神的手中——**一切**。祂受苦，因為這是祂所意願的；沒有人可以使神受苦。有人曾經說：「祂因天意受苦。」我們必須永遠擺脱這種觀念，認為神是軟弱的，祂成了自己最初創造所產生的混亂的被害者。

此外，神**喜歡**受苦。祂並不是被趕到一個祂不能找到歡樂的地步，因為神只做祂喜歡做的事(詩一一五3，一三五6)。

耶和華卻定意(或譯：喜悅)

將他壓傷，使他受痛苦。

耶和華以他為贖罪祭。

他必看見後裔，

並且延長年日。

耶和華所喜悅的事必在他手中亨通。

(賽五十三10)

保羅說，基督的死是給神「馨香的祭物」(弗五2)。如果我們覺得一面說天父為祂在十字架上的苦難悲哀，另一面又說神喜歡這樣做是矛盾的話，我們沒有認真地深思熟慮神感情的複雜性。正如我們可以在悲傷中找到喜樂，在痛苦中找到安慰，天父也可以一方面傷心，另一方面歡喜。用一個狹小的鏡片來看，祂是憤怒和悲傷的；但用永恆的角度來看，神是完全滿意的。這都是因為祂預定了要這樣發生。(我會在第九章詳細討論這點。)

聖經將神描寫成有很深的情感的神。你會記得，祂命令何西阿與一個會變為妓女的女人結婚。何西阿個人被出賣和失落的感受，代表了神體驗了任性的以色列人給祂的出賣和失落。你或會認為神有的優越條件就是永不會失望的；畢竟，祂有無限的力量，沒有東西可以阻止祂。但祂亦可以感到悲傷的。沒有任何心碎的事情比得上沒有回報的愛情，而全能者已計劃了祂會經歷這些。讀一讀下面的經節，感受一下神動人哀感之辭句：

以法蓮是我的愛子嗎？

是可喜悅的孩子嗎？

我每逢責備他，

仍深顧念他；

所以我的心腸戀慕他；
我必要憐憫他。

(耶三十一20)

神在另一段經文問：「婦人焉能忘記她吃奶的嬰孩？不憐恤她所生的兒子？即或有忘記的，我卻不忘記你。」(賽四十九15) 先知描寫了神深刻的愛和強烈的憤怒。神很想一面鞭打祂反叛的孩子，同時又摟抱他。因為我們是照著神的形像被造的，所以肯定的是神是有情感的。如果聖靈因為我們的罪而悲傷，我們也絕對可以說天父也是一樣的。

幾個世紀以前，馬丁路德不滿學者以拉斯墨 (Erasmus) 未能對神的尊貴作出公平對待。他說：「你的神太像人了。」我深信這評語是正確的，因為我們已看過，當我們將神看得「太像人」的時候，我們就製造了偶像。但亦有可能有一個概念是將神看得太不像人的。我們都遇過一些因著虐待或個人的悲劇而變得感情麻木的人。我覺得如果神好像古代希臘的神祇一樣，不能感受到痛苦和悲哀的話，這是一件十分恐怖的事。

現在我們來到一件可以清楚地表達神所受的苦難的事。

十字架的苦難

從午正到申初，遍地都黑暗了。約在申初，耶穌大聲喊著說：「以羅伊！以羅伊！拉馬撒巴各大尼？」就是說：「我的神！我的神！為甚麼離棄我？」

站在那裏的人，有的聽見就說：「這個人呼叫以利亞呢！」

內中有一個人趕緊跑去，拿海絨蘸滿了醋，綁在葦子上，送給他喝。其餘的人說：「且等著，看以利亞來救他不來。」

耶穌又大聲喊叫，氣就斷了。

(太二十七45～50)

誠然所有人都承認基督在十字架上受苦。祂在客西馬尼園的悲傷，祂對傷心的表現，和在祂最後的時刻大聲喊叫都證明祂個人極度的悲痛。祂死的時候發生了甚麼事？祂為我們的罪成為律法上有罪的人；這位全無瑕疵的與滅族的、強姦的、姦淫的、貪心的、殘忍的、殺人的都在一起。「祂被掛在木頭上，親身擔當了我們的罪。」(彼前二24)

愛聖子的天父暫時離棄了祂，令聖子更加悲痛。天父沒有干涉也沒有選擇安慰聖子。被釘在基督旁邊的強盜譏誚祂，說：「你不是基督嗎？可以救自己和我們吧！」(路二十三39) 雖然基督可以發揮全能的力量，雖然天使要被阻止在死亡面前救祂，然而耶穌依照天上的指定，留在十字架上。這是犧牲的要求。怪不得華茲 (Isaac Watts) 這樣寫道：

當主基督，造物之主，
為眾罪人受難，

紅日自當掩蔽光輝，

黑暗包圍聖範。

——《痛哉！主血傾流？》（*Alas! And Did My Saviour Bleed?*）

但祂是否只是作為人的時候受苦，還是作為神的時候也一樣呢？是否整個三一真神也在祂的痛苦中有同樣的感受？或者，天父接受聖子在那黑暗的一天，在耶路撒冷獻上的代價時，神的本性是被動的？

當基督大喊說「我的神！我的神！為甚麼離棄我？」的時候，天父沒有感到痛苦，這是不可想像的。作為父母的我們知道，如果我們看著我們的兒子被釘在十字架上，他並不會是惟一受苦的。試想想三一真神各成員之間更緊密的關係。確實，祂們是同一體的，有著同一目的、同一意念。如果基督以人的身分受苦，我們必須大膽地確定，神也在受苦。

安大略神學院教授、《神的苦難》（*The Suffering of God*）的作者顏丹尼（Dennis Ngien）同意一個不能受苦的神是一個不能愛的神。如果神不能感受到祂的子民的痛苦，我們很難抗拒說祂對我們的苦難漠不關心。顏丹尼說：「神受苦，因為祂的意願是愛。」[7] 潘霍華（Dietrich Bonhoeffer）在獄中寫得對：「只有一位受苦的神才能救助。」受苦並不是軟弱的標誌，反而是決心去愛的記號。如果只有基督的人性在十字架上受苦，那麼道成肉身就是不真實的。這樣，我們可能會立結論說，死在十字架上的只是一個人，不是神人。

畢特力(George Butterick)描述掛在意大利一間教堂裏的一幅畫。畫中基督的肖像背後有一個幽暗的影象。那穿過基督的手的釘子穿過了神的手；那刺入基督肋旁的槍也刺入了神的肋旁。[8]尼爾主教(Bishop Stephen Neill)寫道：「如果耶穌被釘死……正如有點像基督徒所信的，是神自己受死的話，那麼……我們就可以明白神是怎樣的了。」[9]馬丁路德認為如果死在十字架上的只是一個人，那我們都失喪了。

讓我們大膽地說，當你看見在十字架上的基督，你就是看見神。救世主的苦難與神的本性並沒有衝突。基督實實在在地說：「人看見了我，就是看見了父。」(約十四9)將基督的人性和神性分開根本是不可能的。科西夫牧師(P. T. Forsyth)寫道：「神為人死。我不怕這句話；我不可能沒有它。神為人死，為這樣的人：有敵意的，有惡性敵意的人……神必須加以懲罰，不然就要負起它的責任。而祂選擇了後者，一方面尊重了律法，一方面拯救了有罪的人。祂接受了自己的審判。」[10]

但聖經沒有直接了當地說：「神死了。」原因是，神基本的屬性是不死的：祂「就是那獨一不死、住在人不能靠近的光裏，是人未曾看見、也是不能看見的，要將他顯明出來」(提前六16)。所以祂要成為一個**人**，以便能夠死亡。

或者保羅對以弗所的長老的勸告，是聖經中最接近說「神死了」的地方。他說：「聖靈立你們作全羣的監督，你們就當為自己謹慎，也為全羣謹慎，牧養神的教會，就是他用**自己血**所買來的。」(徒二十28)

或者聖經不直接說神死了的第二個原因是因為在新約中，神常常被稱為「天父」，而死在十字架上的不是天父，而是聖子。然而我們必須記著，神的兩個位格是有分別的，但卻是不能分開的。「一切都是出於神；他藉著基督使我們與他和好，又將勸人與他和好的職分賜給我們。」(林後五18) 斯托得再一次激勵我們要平衡，「如果我們只說基督受苦並死了，我們忘了天父的主動性。如果我們只說神受苦並死了，我們忘了聖子的調解……神在基督裏和藉著基督行事，祂是全心全意贊同的。」[11]

一個感到難受的懷疑者問：「一個全知的、全愛的神怎可以准許祂的兒子被釘死在十字架上，以救贖我的罪？為甚麼祂不下來，到迦略山去？」答案是，「在基督裏，祂就這樣做了！」

衞斯理 (Charles Wesley) 並不從這種大膽的信念中退縮：

奇妙的愛！能這樣
祢，我的神，為我捨命？
——《為何我能得？》(*And Can It Be That I Should Gain?*)

一個說「我愛耶穌，但我害怕神」的小女孩應該更正她的神學觀點。如果耶穌關心她 (而祂真的是這樣)，神也關心她；如果耶穌感受到她的痛苦，神也感受到她的痛苦。讓我們記著，祂的心不可能與祂兒子的心分開。伊扶理 (Louis Evely) 這樣寫道：「只有一種方法忍受我們的苦難，那就是去明白祂的苦難。將我們的苦難掛在祂的上面，並記著我們的苦難就是祂的苦難。」記得那位兒子給汽車撞死的女士嗎？她憤怒地問她的牧師：「當我的兒子被撞死的時候，你的神在哪裏？」她的牧師回答說：「祂兒子被釘死的時候祂在哪裏，祂就是在那裏。」

我們不斷地掙扎著要將神的愛與人類受痛苦的事實協調。有一些人會覺得神離開了他們，在最需要祂的時候，放棄了他們。在我們失望時，我們希望神的心不再被遮掩著；我們希望知道祂不單止有能力，更希望祂有情感。我們都見過，當一個孩子在他雙親漠視他的苦難時，他面上痛苦的情形。我們可以慶幸，我們的天父不是那樣的；祂不單止知道，祂也感受得到。

如果你想知道神對這個世界的罪有多大的憤怒，看看十字架吧！有人說：「在神的感情發泄出來的那一刻，愛和公義匯合了。」那裏沒有人可以解決我們的誤解；神怎能又公義，又忽略罪呢？祂怎能又愛，又懲罰呢？但神不是一個人。祂有祂的方法，不會違背祂的公義，也不會否認祂的愛。在十字架上，我們看到愛和公義深刻地碰在一起，互相完滿地解決了問題。

如果神在基督裏被謀殺了，如果是神甘願准許邪惡的力量迫近祂，那麼我們已發現基督教和其他宗教另一處不同的地方。基督教說，神甘願從祂的創造物手中接受苛刻的對待。

神今天的苦難

真的，神可以受苦；真的，神曾經受苦。祂還在受苦嗎？

我相信神的苦難並不在十字架上完結。祂繼續與我們感受我們的敗壞。神並不高興見到我們在痛苦中，但祂隱藏了祂指令所有事情的原因。緊記著祂的應許：「你從水中經過，我必與你同在；你趟過江河，水必不漫過你；你從火中行過，必不被燒，火焰也不著在你身上。」(賽四十三2) 地上的痛苦在天上也是感受得到的。

你可能聽過諾貝爾獎得主、滅族行動的生還者，猶太人威塞爾 (Elie Wiesel) 的故事。在集中營內，他被強迫觀看兩個猶太人和一個猶太男孩的絞刑。那兩個大人差不多即時斷氣，但那個男孩卻在絞架上掙扎了差不多半小時。

有人在威塞爾的背後喃喃自語：「神在哪裏？祂在哪裏？」這亦是威塞爾心中的問題。然而，一個聲音似乎在他的裏面說：「祂就是被吊在絞架上。」[12] 你怎樣理解這些說話？我覺得它的意思是，神就在人類的苦難之中；神是在遭受著暴行的打擊。薩卡拉 (Ravi Zacharias) 評論說：「神在哪裏？就在這裏，在這建築物內。就在這裏，在這塑膠袋中。十字架彷彿是受傷的世界惟一的一個合理解釋，它以此佔據著我們。神自己就在絞架上，以便我們能走近。」[13]

我們的不幸不是被一位偶爾關心我們的神在遠處觀看，而是被一位能夠感受我們的痛苦的神留意著。作為我們的大祭司，基督能夠同情我們的軟弱。並且我們可以確實知道，那種感情也影響我們的天父。我可以向那位在妹妹被殘殺後失了信心的年輕信徒這樣說：「神關心我們，祂也有感受！」祂並不是無情的，因為從人類墮落開始，祂看到很多邪惡的事。幾十個世紀的暴戾和痛苦不能減少祂的感受——祂的性格是不變和絕對的。

我剛剛和一位女士通電話。她有一個憤怒和漠不關心的丈夫。我可以誠實地對她說：「神與你一起受苦。」神用永恆的愛愛我們。如果**愛**這個字有意思的話，它一定是說神感受到我們的心傷。「父親怎樣憐恤他的兒女，耶和華也怎樣憐恤敬畏他的人！因為他知道我們的本體，思念我們不過是塵土。」(詩一〇三13～14)

神是一個默默的受苦者；祂知道，祂明白，祂也關心。祂將我們的悲傷攜帶在心中。當掃羅正在將基督徒投入監獄中的時候，基督問掃羅：「掃羅！掃羅！你為甚麼逼迫我？」(徒九4)，祂暗示自己感受到那些不公義的擊打。由於神的成員是一體的，我確信天父也同樣感受得到的。

在非洲，一場大火很快地、很猛烈地燒毀了一間茅屋，燒死了家中所有的人，只剩下一個。一個陌生人跑進燃燒的屋中，將一個小男孩從大火中抱了出來，放在安全的地方，然後在黑暗中消失了。

第二天，全族人討論應該怎樣處置那小孩子。或者因為迷信，他們認為因為他能劫後餘生，所以必定是一個特別的小孩。一個出名有智慧的人堅持收養這小孩；另一個出名富有的人認為自己最有資格。

當討論繼續時，一個沒有人認識的年輕人走進會場中心，堅持他有特權要那孩子。他出示他雙手被昨晚大火燒焦的傷痕——他就是那個拯救者，所以他堅持那孩子是他應得的。

因此，我們那位帶有傷痕的救主認領我們。潘霍華說得對，只有一位受苦的神才能救助，只有一位受苦的神才能拯救。

其他的神祇強壯，但祂卻軟弱；
他們騎馬而來，祂卻顛跛地上寶座；
但只有神的創傷可以向我們的創傷說話，
其他的神祇都沒有創傷，惟有祂！[14]

我們沒有解答到苦難的奧祕。我們只是說，當我們知道天父和聖子是為著我們的時候，我們就更能抵受苦難；祂們自己亦嘗過我們在這罪惡的世界裏面對的悲痛。

這並不是說我們已回答了所有問題，但我們從十字架中確實得到神關心我們最清楚的證據。令我們安心的是神不單止與我們同行，祂亦感受到我們的傷痛和困苦。而總有一天，祂的子民會完全明白。

在下一章，我們會思想神的旨意另一個完全不同的方面。我們會發現，雖然神受苦，祂卻限定救恩只會給那些信靠祂兒子的人。如果我們認為神的慈悲會重過祂的公義，或者認為神最初的目標是為著祂的創造物的喜樂，那我們就犯了大錯！我們會默想神十分複雜的旨意。

個人的回應

我建議你讀何西阿書十一章，嘗試掌握神深厚的愛，祂的憤怒和被出賣的感受，還有祂因任性的兒女回轉的喜樂。這段經文對神的思念和失望有很生動的描寫。讀這段經文時嘗試感受描寫中的情感，以此敬拜神。我在下面列出幾節，但希望你們能用你們的聖經讀完整章。

以色列年幼的時候，我愛他，
就從埃及召出我的兒子來。
先知愈發招呼他們，
他們愈發走開，
向諸巴力獻祭，
給雕刻的偶像燒香。
我原教導以法蓮行走，
用膀臂抱著他們，
他們卻不知道是我醫治他們。
我用慈繩愛索牽引他們；
我待他們如人放鬆牛的兩顋夾板，
把糧食放在他們面前。

……以法蓮哪，我怎能捨棄你？
以色列啊，我怎能棄絕你？
我怎能使你如押瑪？
怎能使你如洗扁？
我回心轉意，
我的憐愛大大發動。
我必不發猛烈的怒氣，
也不再毀滅以法蓮。
因我是神，並非世人，

是你們中間的聖者；
我必不在怒中臨到你們。

(何十一1～4、8～9)

我們的神能夠認同祂的創造物的痛苦，我們可以為此感恩。

註：

1. C. S. Lewis語，轉引自Charles Ohlrich, *The Suffering of God* (Downers Grove, Ill.: InterVarsity Press, 1982), p.20。
2. Charles Cranfield語，轉引自John Stott, *The Cross of Christ* (Downers Grove, Ill.: InterVarsity Press, 1986), p.134。
3. John Calvin語，轉引自Stott, *The Cross of Christ*, p.141。
4. Stott, *The Cross of Christ*, p.160.
5. Stott, *The Cross of Christ*, p.151.
6. Archibald Hodge, *Commentary on the Confession of Faith* (Philadephia: Presbyterian Board of Publication, 1869), p.70.
7. Dennis Ngien, "The God Who Suffers"，載於*Christianity Today*, 3 February 1997, 40。
8. George Butterick語，轉引自Stott, *The Cross of Christ*, p.158。
9. Steven Neill語，轉引自Stott, *The Cross of Christ*, p.153。
10. P. T. Forsyth語，轉引自Stoot, *The Cross of Christ*, p.153。
11. Stott, *The Cross of Christ*, p.156.
12. Elie Wiesel, *Night*, trans. Stella Rodway (New York: Bantam Books, 1982), p.61.
13. Ravi Zacharias, *Cries of the Heart* (Nashville, Tenn.: Word Publishing, 1998), p.60.
14. Edward Shillito, "Jesus of the Scars"，載於*Areopagus Proclamation* 10, no.7 (April 2000)。

思考問題

查明謊言

一、「『一個看見人類受苦，又不加以干涉的神，很難值得人敬拜。』你會如何回答有這種思想的懷疑者？」

1. 請回答這個問題。**你**會怎樣說？
2. 你覺得神為甚麼不去干涉和阻止人類受苦？

二、「我們必須永遠擺脱這種觀念，認為神是軟弱的，祂成了自己最初創造所產生的混亂的被害者。」

1. 如果有一個人相信神是想做好事的，不過祂卻沒有能力阻止痛苦和苦難的發生。你會怎樣回應他？
2. 我們怎樣知道神不是「自己最初創造所產生的混亂的被害者。」

三、「我們不斷地掙扎著要將神的愛與人類受痛苦的事實協調。有一些人會覺得神離開了他們，在最需要祂的時候，放棄了他們。」

1. 你怎樣將神的愛與人類受痛苦的事實協調？
2. 你會怎樣服事那些覺得神離開了他們的人？

四、「神是一個默默的受苦者；祂知道，祂明白，祂也關心。祂將我們的悲傷攜帶在心中。」

1. 為甚麼神是一個「默默的」受苦者？這有甚麼意思？

2. 我們怎麼知道神「知道，明白，也關心」？我們怎樣確定祂「將我們的悲傷攜帶在心中」？

五、「我們從十字架中確實得到神關心我們最清楚的證據。令我們安心的是神不單止與我們同行，祂亦感受到我們的傷痛和困苦。」

1. 為甚麼十字架是「神關心我們最清楚的證據」？
2. 十字架怎樣在我們今天的傷痛和困苦中幫助我們？

找出真理

一、讀以賽亞書四十九章13至16節；耶利米書三十一章20節；何西阿書十一章8節。

1. 以賽亞書四十九章14節中，錫安抱怨的是甚麼？在15節中，神怎樣回應？你從這一點知道神的情感是怎樣的？

______

______

______

2. 你從耶利米書三十一章20節知道神的情感是怎樣的？祂有哪些情感？

______

______

______

3. 你從何西阿書十一章8節知道神的情感是怎樣的？祂的情感是強的還是弱的？請解釋。

二、讀以賽亞書四十三章1至4節；詩篇一百零三篇13至18節。

1. 以賽亞將神繪成怎樣的形像？這帶給你甚麼安慰？

2. 依照詩篇一百零三篇，神對我們有甚麼憐憫？為甚麼？

三、讀約翰福音十四章7至10節。

1. 依照這段經文，甚麼是認識天父的最清楚方法？

2. 靠著觀察耶穌，你學習到神是怎樣的？

四、讀以賽亞書五十三章3至10節；馬太福音二十七章27至50節。

1. 以賽亞怎樣預見基督被釘死？請列出幾個有關的預言。你在這些經文中得知基督的苦難是怎樣的？

2. 馬太對基督被釘死的記述怎樣應驗了以賽亞的預言？基督怎樣受苦？

五、讀哥林多後書五章19節；彼得前書二章24節。

1. 基督為甚麼要上十字架？祂為甚麼要受苦？

2. 基督受苦對我們有甚麼益處？

六、讀使徒行傳二十章28節。

1. 你認為保羅為甚麼提及神的血？為甚麼不簡單地說是基督的血？

2. 神是否受苦對我們有甚麼關係？

謊言五

神不得不拯救其他宗教的信徒

試想像一個在第三世界，住在貧民窟的母親。她的丈夫死在內戰中，她的女兒被強姦了。這個母親要吃力地走幾十哩路，才取得幾杯牛奶給她饑餓的兒女。一次瘟疫橫掃她的鄉村，她也受到了感染。經過幾個月難以想像的痛苦後，她死了。由於她屬於非基督教的宗教，依照基督教的神學，她會由一個地獄去到另一個地獄。她由一個暫時的地獄被換到一個永恆的地獄去。

這樣的情境是可以想像得到的嗎？這不會對神的愛和公義產生一個嚴重的問題嗎？如果，正像我們在上一章知道，神是有情感的，祂與我們一起受苦，那麼一些祂所創造的人竟然要入永恆的地獄是否不值得相信呢？令問題更加困難的是，很多體驗到這種永遠滅亡的人是從來沒有機會相信基督的。如果說只有一條路是通往天堂的話，那些不因自己的錯而找不著這條路的人就要永遠沉淪，這樣的說法是否傲慢得無藥可救呢？

不用說，這個題目曾引起過熱烈的爭論。《芝加哥論壇報》(*Chicago Tribune*)的一篇文章〈神學家將天堂的大門開大了一點〉說，天主教和基督教的神學家都公開指摘這種過時的觀念，就是永生的救恩只限於那些信靠基督的人。[1] 多元主義文化的壓力和愈來愈多人相信其他宗教的情形，令排外主義的觀點很難立足得住。所有宗教都有好人、有壞人。如果神真的愛整個世界，祂沒有可能只限定救恩給那些有幸生於西方國家、能夠容易地聽到關於基督事迹的人。祂可能這樣嗎？要相信祂會將一些生錯地方的人判入永恆的滅亡實在是令人難以置信。

我們都希望到天堂的路可以闊一點，以便我們能有更可接受的答案回答那些譏諷基督教信仰的人。照他們的想法，基督教信仰沒有考慮到其他宗教裏真誠的信徒。我們應怎樣回答那些指控我們是無心肝、心胸狹窄的人？或者那些說他們的神比我們的神更心胸廣闊的人？

真的，我聽到很多反對的聲音：「那些沒有聽過基督的人會怎樣？他們是否在神的恩典之外？」

「神可以將任何人打入地獄，特別是那些完全沒有機會聽到福音的人，這樣公平嗎？」

「其他宗教的虔誠信徒可否在他們到天堂後，認識基督，就能藉著基督得救呢？」

「基督徒是否盲目相信基督教的優越性？」

這些都不是理論上的問題：它們是關乎生與死、天堂和地獄的問題。很多傳教士告訴我們，當其他宗教的信徒相信基督後，他們常常會問：「我們父母死時是相信其他宗教的，他們最後的命運會怎樣？」正如當我們認識到一些其他宗教的人，我們不得不問，他們是否會得救。

我們可以在哪裏找到這些問題的答案？誰可以仲裁對立的觀點？我們是否應該在我們裏面找尋答案？我們是否應該到大自然中尋找，還是僅僅接受一個一致的意見？**我們所想的**是否有重要關係？斯托得寫道：

> 如果我們讀聖經前已決定了我們的觀點，希望聽到的只是我們自己思想的回聲，而永遠不聽神如雷貫耳的聲音，那麼，祂不會向我們說話，而我們就只可能確定到自己的偏見。我們必須讓神的話語與我們對質，打亂我們的安定，削弱我們的自滿，及除去我們思想和態度的模式。[2]

再說一次，我們不可以從底向上地構造神的概念，而應該在神的話語前謙卑下來。我們相信一位啟示的神。祂給我們一線微光，令我們看到少許祂的旨意。在我們讀這一章時，我們從聖經寫得明白的地方開始，進入一些較難明白的地方。我們會回答四個帶領我們到這些敏感事情中心的問題。

救恩是否只能藉著基督才可獲得？

我們已知道聖經很清楚表達：救恩只能藉著基督才可獲得。引用耶穌自己的說話：「我就是道路、真理、生命；若不藉著我，沒有人能到父那裏去。」(約十四6) 使徒保羅也這樣說：「因為只有一位神，在神和人中間，只有一位中保，乃是降世為人的基督耶穌；他捨自己作萬人的贖價，到了時候，這事必證明出來。」(提前二5～6) 其他使徒也同

意，彼得宣稱：「除他以外，別無拯救；因為在天下人間，沒有賜下別的名，我們可以靠著得救。」(徒四12)

我們重溫了一些有力原因為甚麼基督不是很多選擇中的其中一個。祂不止是一個像其他宗教始創者那樣是個教師；耶穌是救主。只有祂才有資格將人們帶到神的面前。要記著，我們要完全才可以得到神的接納，而只有基督才可以寬恕我們，將我們所需要的完美算入我們的帳裏面。

舊約的信徒的救恩是「掛帳」的。神暫時「不看」他們的罪，直到基督來臨，支付了神可以悅納的帳。正如你可以先買一輛新汽車，駕駛它，後來才付款，亞伯拉罕、以撒、雅各的家族也可以享受先貨後款的利益。因此他們都有與我們同樣的中保和祭物。

這些事實解決不到其他宗教可否成為通往基督的門道的問題。當被問及：「跟隨其他宗教的人可否因為基督而得救」時，有些神學家認為答案是「可以」。這些教師認為其他宗教只不過是「友好的對手」，它們與基督教教義和「**道**」(基督) 教化世人的工作有很多共通點。潘嘉樂 (Clark Pinnock) 的《神的慈悲的廣闊》(*A Wideness of God's Mercy*) 和山打士 (John Sanders) 的《沒有其他名字》(*No Other Name*) 都強調基督是救恩惟一的途徑，不過人並不必要將信心直接地放在祂身上才可以得著祂在十字架上工作和復活的益處。他們的論點是，神知道基督是救恩惟一的途徑，但那些未聽過福音的人對這點是無知的。他們的宗教可能像「校長」的工作一樣，不知不覺中帶領他們到基督那裏。

潘嘉樂和山打士會同意彭力加(Raymond Panikkar)所說的:「好的和真誠的印度教徒會被基督拯救,而不是被印度教拯救;不過那是由於印度教的聖禮,由於道德和良好的生活,由於從印度教傳給他的神祕,而令基督拯救那位印度教徒。」[3] 彭力加總括認為,人的確可以經其他宗教的渠道,被基督拯救。

不同的神學家作出過一些建議,解釋神怎樣將救恩帶給其他宗教裏真誠的、熱心的信徒。首先是一些取自彼得前書的「後光」的觀點:「因基督也曾一次為罪受苦,就是義的代替不義的,為要引我們到神面前。按著肉體說,他被治死;按著靈性說,他復活了。他藉這靈曾去傳道給那些在監獄裏的靈聽,就是那從前在挪亞預備方舟、神容忍等待的時候,不信從的人。」(彼前三18~20)

一些人將這段經文解釋說,是基督向那些在地獄的人傳福音。他們的結論是,人在死後有機會接受或拒絕基督。在早期的教會,愛任紐(Irenaeus)和特土良(Tertullian)教導說,當耶穌落到地獄時只救出舊約時代的信徒;亞歷山大的革利免(Clement of Alexandria)和阿他拿修(Athanasius)教導說,耶穌從地獄救出猶太人和外邦人。而這種福音的說法到今天還繼續著。

但這種觀點被嚴重地反駁。其中一個是,彼得是否教導說基督落過地獄這一點是不能被肯定的。可能他真正的意思是說,藉著同一聖靈,基督經挪亞向那些現在在監獄中的靈傳道;這些靈可能是在挪亞的時代生活的人,但就算我們姑且承認基督在祂死後和復活中這段時間曾向這些靈傳道，我們也無從稽考祂說了些甚麼話。或者祂只是向他們宣告祂的勝利，或解釋他們被公平地審判的原因。我們沒有證據說祂給予他們最後機會悔改。最後，如果假設基督現在也是這樣做的話，就是將經文曲解得支離破碎。不論我們接受哪種解釋，這段經文說的是過去的事件，與現在是完全無關連的。

第二個建議說，神會以祂的預知來拯救一些不接受基督作為他們救主的人。由於祂不單止知道以往發生過甚麼事，且知道在不同的環境下會發生怎樣的事，所以祂會知道，一個例如說在斯里蘭卡未聽過福音的人，如果是生在加拿大的話，他是否會接受福音的。他們爭論說，在這種基本原理下，祂會救贖他們。

不過，就算揀選是基於預知(我不接受這種觀點的)，說神會因著在不同的環境下會發生不同的事而拯救某些人，這是完全沒有充分根據的。基督說，如果祂在泰爾和西頓行祂在沒有信心的城市中所行的異能，「他們早已披麻蒙灰悔改了」(太十一21)。不過祂並沒有暗示泰爾和西頓在將來的審判中會得救。我們都可以，至少在我們的想像中，推臆一些差不多所有人都會接受基督的情形。但聖經教導說神只會考慮發生了的事，並不是那些可能會，但沒有發生過的事。

第三，有一些人相信神會破例，選擇並接納基督為了其他宗教誠心的信徒而犧牲。換句話說，祂將他們的罪算到基督的身上，就算他們全然不知道此事——雖然他們終會知道。據稱，神曾經為以諾、約伯、麥基洗德、葉忒羅，和舊約中很多人這樣地破例。於是，救主接納一些只有在死時才見到基督的真誠印度教徒或佛教徒。很多人相信，好像小孩子無需與基督建立個人信靠的關係也會得救一樣，其他不同宗教的人雖然沒有明確地信主，也可以得救。

然而，這種論點是毫無説服力的。因為我們有理由相信我在上面列出的舊約人物是因為有特殊啟示而作出回應的，他們知道關於耶和華的事；他們不是因為跟隨其他神而得救的。再説，關於嬰兒的比喻，他們甚至完全沒有能力回應普通的、自然或良知裏的啟示，所以他們的情況是完全不同的。那些聽不明白的（即是嬰兒）和那些年齡已到聽得明白又有機會聽的人是不同的。

很多人舉出哥尼流作例子，他是一個沒有直接信靠基督而改變宗教信仰的人。他和他一家是敬畏神的虔誠人。你會記得，彼得有一個和哥尼流一樣的異象。當他們會面的時候，彼得明白到神準備拯救這個人。他説：「我真看出神是不偏待人。原來，各國中那敬畏主、行義的人都為主所悦納。」（徒十34～35）

我們應否像其他人一樣，將這一段經文解釋為神接納任何敬畏祂、但相信其他宗教的人呢？山打士這樣寫道：「哥尼流在彼得到來之前已經是一個得救的信徒，但他不是一個基督徒。」[4] 由此他結論説，有一些人雖不是基督徒，但也是得救的。

同樣地，這種解釋是有差錯的。其一，正如腓力斯（Gary Phillips）在他的文章〈福音性的多元主義：一個單元的問題〉（"Evangelical Pluralism: A Singular Problem"）中指出，新約所說敬畏神的人，都相信贖罪祭的真確性，哥尼流已經為特殊的啟示作出了回應（徒十3～8）。[5]其次，經文說在彼得向他傳道之前，他是並未得救的（徒十一14）。最後，也是最重要的一點，我們必須將彼得的說話用經文的亮光來理解：他剛剛體驗到一個異象，使他相信外邦人也可以在救恩的計劃中有分。當他說神是不偏待人的、會悅納其他敬畏祂的人時，他並不是說他們不需要福音也可以得救。他只不過是在說明一個對他而言也是激進的觀念，那就是每一個人，甚至外邦人，也可以回應救恩的信息。

很多人會不同意潘嘉樂的一些觀點，但同意他另一些的觀點。不過他和山打士採用了一種解釋經文的原則，以致差不多可以保證得到他們想要的結論。那就是，人的所謂「公平」，應該主要地控制我們怎樣看那些不認識基督是救主的人的命運。

要是山打士說神一定有為那些未聽過福音的人作出一些特別的安排，否則祂就比人類更不值得敬拜、更不公平、更不慈愛的話，我覺得這是很可悲的說法。[6]明顯地，按著這種標準神不應該准許有地震、饑荒、戰爭，因為在能力許可下，有理性的人都會防止這些暴行發生。這些都是壞鬼理由、壞鬼神學。

用我們對「公平」的理解去管制我們對聖經的解釋是十分危險的。腓力斯這樣的評論是十分對的：

> 當公平被用作標準的時候（很多例外也無可避免地發生），除了無知之外，其他的不公平也爭逐注意：

> 一些人可能從虐待他們的父母，或者從一個犯姦淫罪的牧師那裏聽到福音。其他的人可能從一些知識水平低得不能將基督信仰介紹給能思考的人那裏聽到基督。更有一些不幸地非常富有的人——一個在救恩上十分巨大的阻礙……雖然都不是他們自己的錯，凡這種種都會對福音形成否定的傾向。[7]

這一點是很明顯的，每一個人都可以解釋他們拒絕福音是因為某一些人或某一些事是「不公平」的。我們都會想將聖經重寫，令神變得公平。我們都想過，假如我們是神的話，我們會怎樣減少人類在這一生及下一生的苦難。當然，難題是：我們不是神。

潘嘉樂的神學歷程可以幫助我們明白為甚麼他轉向一個「公平」(用他的定義)的神。很多年前，他放棄了強調神在救恩上有主權選擇的加爾文主義(Calvinism)，轉而贊同強調人自由意志的阿民念主義(Arminianism)。之後，他更從傳統的阿民念主義順流而下，選擇相信一個有限的神，一個甚至不知道將來的神。他爭論說，如果神知道誰會得救，誰會沉淪的話，未來就是在某程度上被定死了。所以，潘嘉樂的神甚至不以預知來揀選人，祂真的不揀選任何人，而是我們揀選祂，因為祂的知識是有限的。祂甚至不知道誰會得救、誰會沉淪！

潘嘉樂認為神在創造世界和給人有自由意志的時候，祂冒了一個大險。他更結論說，神並不預先知道自由的人所作的決定：「歷史上出現真正的新鮮事物是神也不預先知道的。」[8] 潘嘉樂相信神的這種無知令福音更加可信和更「公平」。(我會在第七章仔細地研究這一點。)

潘嘉樂的理論並不在這裏完結。當他決定了神必須「公平」的時候，他採取這樣的觀點：那些對其他宗教忠誠的人，也可以不藉著信靠基督而得救。而如果他們在這一生不得救的話，他們可以在來生請求開恩。任何人站在神的審判面前時請求的話，都可以得到開恩。他說，神的冊子是永不會蓋上的。而如果還有一些冥頑不靈的人，他們會公平地消失，卻不會受到永遠的刑罰。[9]

知道了這些論點，他所寫的不會令我們驚奇：

> 當我們接近一個與我們信仰不同的人，我們期望要找出神對他說了些甚麼和我們在這次遭遇中，對神的恩典和愛會有甚麼新發現。在我們接近其他民族、其他文化、其他宗教的時候，我們首要的工作是要除掉我們的鞋子，因為我們要接近的地方是聖潔的。否則我們會發現我們在踏破別人的夢。更嚴重的是，我們可能忘記了，在我們到達之前，神已經在那裏了。[10]

潘嘉樂看其他宗教是過渡性的，因此基督徒有機會藉著對話幫助他們尋找真理。他寫道，「神，就是『道』，現在所做的救恩工作，比在第一世紀巴勒斯坦所發生的還要多。」[11] 不可思議的是，潘嘉樂好像相信一個宇宙性的、可以在各種宗教內工作的「**道**」。

我們人類對公平的觀點是基於對神的旨意有限的認識；神卻可能有另一個議程。以賽亞這樣說：

我的意念非同你們的意念；
我的道路非同你們的道路。
天怎樣高過地，
照樣，我的道路高過你們的道路；
我的意念高過你們的意念。

(賽五十五8～9)

腓力斯準確地說到：「很多時候，推測會突然被當作事實般教導；微乎其微的解釋被當作正確的解釋。」一旦一個像潘嘉樂的神學家和一個像山打士的教授將經文的解釋融入他們的觀點內，他們也用同樣的方法將幾十段與他們的觀點有分歧的經文重新解釋。我們沒有權利比神更能容納不同的意見。再次引用腓力斯說的，我們「寧願在安全的那一面出錯，也不應在不確定的寬宏大量那一面下賭注」。[12] 我們不可以超越神已作出的啟示。如果祂真的有計劃拯救其他宗教的信徒，祂不覺得將它啟示給我們知道是適當的。

聖經怎樣看非基督教的宗教？

聖經要求我們將其他宗教視為人類企圖藉著人為的能力和知識達到神那裏的壞鬼想法。保羅對於異教提出了兩點。首先，他說那些敬拜偶像的其實是在敬拜魔鬼：「外邦人所獻的祭是祭鬼，不是祭神。我不願意你們與鬼相交。

你們不能喝主的杯又喝鬼的杯，不能吃主的筵席又吃鬼的筵席。」(林前十20～21)

他沒有說外邦人(異教徒)是用他們的方法真正地敬拜神。我們不是敬拜真神，就是敬拜偶像。請你讀下面的舊約經文，然後作出自己的結論：

> 也要拆毀他們的祭壇，打碎他們的柱像，用火焚燒他們的木偶，砍下他們雕刻的神像，並將其名從那地方除滅。
>
> (申十二3)
>
> 外邦的神都屬虛無；惟獨耶和華創造諸天。
>
> (詩九十六5)
>
> 以利亞對他們說：「拿住巴力的先知，不容一人逃脱！」眾人就拿住他們。以利亞帶他們到基順河邊，在那裏殺了他們。
>
> (王上十八40)

其次，保羅教導說，宗教不斷改變，是因為人沒有尊敬真神。因為他們的反叛，他們「將不能朽壞之神的榮耀變為偶像，彷彿必朽壞的人和飛禽、走獸、昆蟲的樣式」(羅一23)。拜偶像的一個特點是將被造物和創造者混淆在一起。魔鬼撒但精心安排很多假宗教，在自助餐桌上擺了不少選擇，但這些全部都是違背基督的福音的。

印度有一個瞎子摸象的故事，每一個瞎子對這隻動物都有不同的結論。摸著象尾的人認為牠像一條繩子；抱著象腳的認為牠像一棵樹；拿著象鼻的認為牠像一條蛇。有些人會將這故事比作不同的宗教，說它們都只不過是同一個真相的不同方面。但如果我們反思聖經怎樣說其他宗教，我們的結論必須是：我們甚至不是在描繪同一隻大象！

甚至是那些尋找真神的人，也不能不藉著啟示的亮光來找到對全能者救恩的知識。保羅在雅典的山上說，神預定地上所有國家的時限和疆域，為的是「要叫他們尋求神，或者可以揣摩而得，其實祂離我們各人不遠」(徒十七27)。然後他力勸他的聽眾相信那位使基督從死裏復活的神。沒有啟示的亮光，人能夠做的，最多只能在「暗中摸索」，全力尋找一絲希望和赦免的方法。

我不否認其他宗教或會有一些很好的道德教訓。例如佛教強調無私的敬虔。這似乎和基督教教義有相同的地方。這是我們可以預期的，因為人類是依照神的形像造出來的，都有一個道德的良心。但一個宗教並不須要完全是假的，才會錯得一塌糊塗。其他的宗教在最重要的地方失敗了，就是在於罪人怎樣能夠與神復和的問題上。就算他們敬拜，他們最終敬拜的也只是一個假神。

無論我們多希望見到非基督徒得救，我們一定要小心不可超越聖經教訓所容許的寬宏。我們須要按著神真正的本質來順服在祂面前，而不是以我們有限的知識和希望構造一個神來敬拜。

那些未聽過基督的人會被怎樣審判？

我們想知道的是，如果神不接納那些未聽過福音的人，這又怎算是公平？我們想知道祂的愛會否接納人的本相，無論他們相信或不相信祂的兒子。聖經的回答是，神會以他們所知和他們所作的事審判人。換句話說，祂會按**普通啟示** (general revelation) 的原則去審判那些未聽過福音的人。

普通啟示包括，第一，大自然的亮光。聖經告訴我們：

> 原來，神的憤怒從天上顯明在一切不虔不義的人身上，就是那些行不義阻擋真理的人。神的事情，人所能知道的，原顯明在人心裏，因為神已經給他們顯明。自從造天地以來，神的永能和神性是明明可知的，雖是眼不能見，但藉著所造之物就可以曉得，叫人無可推諉。
>
> 因為他們雖然知道神，卻不當作神榮耀他，也不感謝他。他們的思念變為虛妄，無知的心就昏暗了。
>
> (羅一18～21)

神將祂永恆的力量和神聖的性格清楚地顯現在整個創造中。那位不可見的神成為可見的耶穌；同樣，我們也可以從祂的創造中看得見這位不可見的神。

第二種普通啟示，是在每一個人裏面存在的「有神的感覺」。每個人都有天生的是非感、超凡的價值觀、一種明白有公義行為標準的知識。我們自己的心告訴我們這個真理：

> 凡沒有律法犯了罪的，也必不按律法滅亡；凡在律法以下犯了罪的，也必按律法受審判……沒有

> 律法的外邦人若順著本性行律法上的事，他們雖然沒有律法，自己就是自己的律法。這是顯出律法的功用刻在他們心裏，他們是非之心同作見證，並且他們的思念互相較量，或以為是，或以為非。
>
> (羅二12、14～15)

甚至那些沒有得到在西乃山啟示的律法的外邦人，也會本能地按照律法行事。神因此會依照良心和大自然的原則審判他們。他們沒有十誡，但他們有最根本的道德律法寫在他們的心上。神不會要求他們將安息日守為聖日，因為這個誡命只能藉著特別啟示而來的。但他們知道殺人和偷竊是錯的；他們知道自私是錯的。所以，問題是，他們怎樣能夠達到這種標準。

神不會問那些未聽過基督的人，為甚麼他們不接受基督的！這樣是不公平的。審判永遠是根據所知道的，根據所給予的亮光的。正如布魯斯(F. F. Bruce)所說，神會按著已給予的亮光去審判非基督徒，而不會按沒有給予的亮光去審判。但保羅辯論說，在審判的日子，外邦人和猶太人都會是「無可推諉」的。

這個審判會揭示些甚麼呢？首先，它會顯出原來沒有人的行為是配得上他所知道的亮光的。保羅說，外邦人的邪惡「壓制」了真理。當我們任從自己的意思行事時，我們扼殺了良心，並重新解釋自然定律，以便切合我們的慾望。最後，我們都是欺騙自己，愚弄別人，是最終仍企圖向神說謊的大騙子。我們根本是不老實的。

第二，這個審判會確定大自然不能滿足我們的需要，即是算入我們的帳上、屬神的公義。如果神接納人的標準不定在祂自己的聖潔上，如果祂可以接納人的缺點，我們還可能有希望，但祂不能。從來也沒有猶太人可以達到摩西律法的標準；也沒有外邦人可以達到良心亮光的標準。神的判決是清楚的：「因為世人都犯了罪，虧缺了神的榮耀。」(羅三23) 所以只有基督才成；只有祂才可以將我們所需要的完全的公義給予我們。

我亦相信，那些願意承認他們是虧缺了的人、那些離棄人造的假神回轉到基督的人，都會得到更多可以引領他們認識基督的亮光。由於神在人心內工作，一些人會真心地尋找祂。我的信念和上面提到保羅對雅典人說的話是一致的。他說，神決定不同國家的地理環境，祂「要叫他們尋求神，或者可以揣摩而得，其實祂離我們各人不遠；我們生活、動作、存留，都在乎祂。就如你們作詩的，有人說：『我們也是他所生的』」(徒十七27～28)。

不少在非基督教裏成長的人告訴我們，當他們離棄他們的神，轉向那「獨一真神」的時候，他們夢見耶穌，後來更遇到一位福音使者。或者，雖然沒有夢境，但藉著一些特別際遇，他們接觸到新約聖經。

然而，我必須勸大家小心，這些故事雖然很有啟導性，但不能以此作為根據，去定下我們在這議題上最終極的神學觀點。我們必須謙卑地讓神作最後的判決，承認在神和其他宗教的關係中，有很多我們不知道的地方。我們只剩下聖經的原則，就是神按知識來審判，祂會考慮每個人的回應和行為。

最後的審判又會怎樣？

當神審判的時候，祂會用最謹慎的標準來看證據和公理。那些在基督的保護和救恩下的人都會得救，因為基督已經代他們償了債；那些只回應普通啟示的人則要負上他們所作的事的後果。無論如何，每一個人的懲罰都不會一樣。聽聽耶穌說的話：

> 僕人知道主人的意思，卻不預備，又不順他的意思行，那僕人必多受責打；惟有那不知道的，做了當受責打的事，必少受責打；因為多給誰，就向誰多取；多託誰，就向誰多要。
>
> (路十二47～48)

普通啟示是審判的一個基本原則，但不是為救恩而設的。譬如說，你需要一千元才可上大學，我只給你一百元，那麼我的禮物並不足夠你上大學，但卻足夠用來看你的反應。我可以從這一百元看到你愛我還是輕蔑地拒絕我。而你的回應則可能決定你是否會收到全部的款項。

我們可以首先肯定懲罰的程度會按照知道多少而定。其次，神會考慮到關乎環境和內心回應的每一點點資料。神的知識是詳盡、平衡和完全的。

神會準確地行使公義，且行使得極其完美，以至我們會永恆地歌頌：「你的道途義哉！誠哉！」(啟十五3) 我相信，甚至那些失喪的人——是的，甚至魔鬼牠自己——亦會在永恆中供認神所作的都是公正和正確的。神永不做不公正的事。

神是否有義務去拯救每一個人？嚴格地說，祂沒有這種義務去拯救任何人。不過，祂有義務要公正。我們很難想像那個要我們公正的神，祂自己卻不公正。真的，祂有義務去愛，因為祂命令我們去愛。祂的愛是公義的愛，祂的憐憫是公義的憐憫。就我們所知，神選擇不拯救那些墮落了的天使，祂毫不憐憫地審判牠們。祂完全按祂啟示的亮光來審判牠們所做的事，正如祂審判那些只知道普通啟示和沒有尋找真神的人一樣。

神公平嗎？這是一個重量級的問題。我們已經說過，將我們對公平的想法帶到「道」面前的危險。如果我們認為公平的意思是神一定要同樣地對待每一個人，那麼可以肯定的是，按這個意思，神一點也不「公平」。土耳其的一場地震死了一萬五千多人；委內瑞拉的一次山泥傾瀉死了三萬多人。在我所居住的美國中西部，過去五十多年來卻一次嚴重的地震也沒有發生過。神對待世界各國和各地區是不一樣的。這是公平的嗎？(我們在下一章會討論神和自然天災的關係。)

神對待巴比倫國王漢摩拉比與祂對待亞伯拉罕的不一樣。不，神沒有義務要以同樣方法對待每一個人。這個世界的人有不同的才能、不同的機會、不同的壽命。對一些人，神展示祂的恩慈；對另一些人，則是祂的公義。神就是選擇了這種方法去管理祂的世界。祂能夠這樣做，且是公平的。我不是言過其實地說，我們不可站在神的審判面前爭論這點。我們只能低頭接受祂的權力和祂隱藏的旨意。

一些人希望天國的大門可以比新約聖經所說的開闊一點，亨利 (Carl Henry) 回應得好：「當代神學很容易流露出現今世代對神的錯誤理解。它集中注意神的愛，將愛當作神存在的中心，而把公義從神的屬性中降為愛的附從，否定了公義與愛皆為神同等的性情。」[13]

人類可用來量度全能者的標準沒有不是從神而來的。神不必順從我們為公平定下的標準，雖然在保持祂的性格和長期目標的事上，祂一定要公平。在這樣的範疇內，祂可以自由地做祂喜歡做的事。如果我們好像一些人說，神要因著一些在短短幾年間所犯的罪而判人受永遠的懲罰是不公平的話，那麼我們最好就引用愛德華茲 (Jonathan Edwards) 說的話：

> 我們對任何人的愛、尊敬和服從的義務，是與這人的愛心、名譽和權能成正比的⋯⋯但祂是無限可愛的，因為祂有無限的優點和美麗⋯⋯所以侵犯神的罪是破壞了那無限的義務，必定是一種無限可憎的暴行，亦因此值得無限的懲罰⋯⋯這些不敬畏神的人的永恆懲罰使它成為無限⋯⋯所以它並不過於他們可憎之罪行所應得的。[14]

琵巴指出，地獄長存的恐怖，是罪人輕視神長存的榮耀的一種清晰的描述。無限的懲罰是加在那些無限地有罪的人身上。保羅問：「這樣，我們可說甚麼呢？難道神有甚麼不公平嗎？斷乎沒有！」(羅九14) 是的，就算我們失喪了，神仍是公平的。

保羅繼續他的論點說，神向對祂不敬的人展示公義和憤怒，但將祂的憐憫和恩典賜給相信祂的人。當保羅說及神的無私（羅二11），他的意思只是說，神會用我們剛才說過的原則去審判不相信的世人，那就是知識和行為。

如果堅持神要依照我們的意思做事，否則我們就收回我們無保留的敬愛，這樣算不算危險，甚至是膽大妄為呢？有人告訴我，在一部名叫《魯迪》（*Rudy*）的電影中，聖母書院的一位教授對一個因為被逐出球隊而極為不滿的足球員說，經過這許多年的教學生涯後，他得到兩個無爭辯餘地的見解：「有一位神；而我不是祂！」這是兩個值得學習的教訓！

神沒有欠人救恩這個事實（實在，祂沒有欠任何一個人）仍然令我們煩惱，因為我們會問：「一位愛人的神為甚麼不將世界安排得令更多人可受惠於基督偉大的工作呢？」我們會想，愛應該會將阻隔人類獲得救恩的障礙挪開。

不過，神有一個比我們所能見的更大的計劃；祂有一個永恆的旨意感動祂去選擇這個世界和它的安排。神學家華飛德（Benjamin Warfield）指出，神的愛必須在祂的公義和祂永恆的旨意之控制下。當別人問他為甚麼神不拯救更多人，他用那古老但惟一中用的答案回答說：「藉著祂的愛，神按祂本性所允許的數目去拯救來自各種族的罪人。」[15] 我們默想這些事的時候，我們必須考慮神永恆的和隱祕的旨意。「隱祕的事是屬耶和華——我們神的；惟有明顯的事是永遠屬我們和我們子孫的，好叫我們遵行這律法上的一切話。」（申二十九29）

如果神有計劃拯救一些沒有信靠基督的男和女，祂選擇了不將此啟示出來。我們必須抵抗以私意解釋聖經的誘惑。我們的角色是以一堅定的信念傳揚福音，就是信道是從聽道而來，而人不能相信任何他們不知道的事。

有挑戰性的結論

那麼，我們必須下的結論是，傳揚福音的需要是十分急切的。我們必須記著，神在世界上的目的是全球性的；祂希望在天國內有來自每一個民族、說每一種言語的代表，這個意願將會實現。當耶穌命令說：「你們往普天下去，傳福音給萬民聽」(可十六15)，祂證實了祂是**全世界**的救主，不單是那些在祂身邊的人。單是在非洲某些地區，就有大批的人歸信基督了！

我的第二個結論是，我寧願死時未聽過福音，也不願聽過福音又拒絕相信。是的，我寧願死時像這章開始時所說的那個心煩如麻的母親，也不願聽過耶穌之後又拒絕相信祂(也許只是因為祂排外的聲明冒犯了我)。

我的經驗是：為了其他宗教信徒的命運煩惱的人，他們往往很少注意他們自己的命運。不過，如果那些只知道普通啟示的人是「無可推諉」的話，那麼那些手拿著聖經的人，那些對教會有一定認識的人，那些可以，若他們願意的話，尋找基督作他們救主的人，又將會怎樣的更加「無可推諉」？

基督徒相信他們的方法是惟一的方法，這是否很傲慢？當然，這不是「我們的方法」，好像是我們自己製造出來的！在一個訪談節目中，一個猶太教師譴責一個說自己為神作了神的工作的基督徒；他說：「基督徒為一些人打開了天國的大門，但卻沒有為另一些人這樣做。」但當然惟有是神自己隨著祂喜歡，為某些人打開天國的大門，為另一些人關上大門。我們能夠做的，只是從讀經中找尋祂在這個問題上所說的話。聖經教導說，窄路是「神的路」，而我們獲恩待以至可以相信祂；並且我們獲恩待可以信靠基督應令我們謙卑，而這也就是傲慢的最佳良藥了。

個人的回應

這是本書困難的幾章之一。或者，人對神的啟示可有三種回應。首先，一些聽到這些難以理解的說話的人可能會飄向**不可知主義**(agnosticism)：他們會說，對一些拒絕接受福音的人施予良心和永恆的懲罰，這樣的概念太難以接受；更難以置信的是對一些未拒絕的人施予同樣懲罰。第二個可能是**憤怒**：如果這是神管理這個世界的方法，我會反抗祂。好像一個人曾經對我說：「如果我要入地獄，我會永遠地咒詛祂。這是名譽攸關的事。」

另一個可能是**恐懼**：勢不可擋的感受是，如果這是神所啟示的，我們必須謙卑地接受它。神沒有回答我們所有的問題，但祂提醒我們，祂才是神；我們的責任是敬拜祂。讓我們謙卑地接受聖經的話語：

> 禍哉，那與造他的主爭論的！
> 他不過是地上瓦片中的一塊瓦片。
> 泥土豈可對摶弄他的說：
> 你做甚麼呢？

所做的物豈可說：
你沒有手呢？

(賽四十五9)

這樣，我們可說甚麼呢？難道神有甚麼不公
平嗎？斷乎沒有！因祂對摩西說：
我要憐憫誰就憐憫誰，
要恩待誰就恩待誰。

(羅九14～15)

如果你願意的話，請與我一起這樣祈禱：「主啊，我們接受祢的判決；我們承認，祢有主權做祢喜歡的事。幫助我們在祢的啟示中得著喜樂，並且將祢旨意的奧祕歸予祢。幫助我們能夠記著：祢是陶匠；我們只是泥土。我們相信祢會成全一切。阿門。」

註：

1. Paul Galloway, "Theologians Opening Heaven's Gate a Bit Wider"，載於 *Chicago Tribune*, 28 January 1996, 1。
2. John Stott的文章，收於 *Authentic Christianity* ，轉引自 *Christianity Today*, 6 September 1999, 104。
3. Raymond Panikkar, *The Unknown Christ of Hinduism* (London: Darton, Longman and Todd, 1965), p.54.
4. John Sanders, *No Other Name* (Grand Rapids: Eerdmans Publishing Co., 1992), p.208.
5. W. Gary Phillips, "Evangelical Pluralism: A Singular Problem"，載於

Bibliotheca Sacra, April/June 1994, 11。

6. Sanders, *No Other Name*, pp.xvii, 3, 6.
7. Phillips, "Evangelical Pluralism: A Singular Problem", 12.
8. "Clark Pinnock's Response"，收於*Predestination and Free Will*, eds. David Basinger and Randall Basinger (Downers Grove, Ill.: InterVarsity Press, 1986), p.150.
9. Clark Pinnock, *A Wideness in God's Mercy: The Finality of Jesus Christ in a World of Religions* (Grand Rapids: Zondervan Publishing House, 1992), pp.98, 111, 158, 172~176.
10. Pinnock, *A Wideness in God's Mercy*, p.141.
11. Pinnock, *A Wideness in God's Mercy*, p.77.
12. Phillips, "Evangelical Pluralism: A Singular Problem", 11, 15.
13. Carl Henry語，收於William V. Crocket and James G. Sigountos, eds., *Through No Fault of Their Own?* (Grand Rapids: Baker Book House, 1991), p.254.
14. Jonathan Edwards語，轉引自John Piper, *Let the Nations Be Glad* (Grand Rapids: Baker Books, 1993), p.128。
15. Benjamin B. Warfield, *The Plan of Salvation* (Grand Rapids: Eerdmans Publishing Co., 1977), p.74.

思考問題

查明謊言

一、「如果說只有一條路通往天堂的話，那些不因自己的錯而找不著這條路的人就要永遠沉淪，這樣的說法是否傲慢得無藥可救呢？」

1. 你會怎樣回答這個問題？

2. 你相信那些死前沒有機會聽過基督的人將會怎樣？

二、思想某些神學家提出非基督徒能夠得救的三個觀點：

- **「後光」的觀點**
- **神的預知的觀點**
- **神會破例的觀點**

1. 描述這三個觀點背後的推論。

2. 描述這三個觀點所產生的問題。

三、「聖經要求我們將其他宗教視為人類企圖藉著人為的能力和知識達到神那裏的壞鬼想法。」

1. 聖經在哪裏這樣教導我們？

2. 其他宗教怎樣將焦點放在人為的能力和知識，藉此達到神那裏？為甚麼這是壞鬼想法？

四、「神不會問那些未聽過基督的人，為甚麼他們不接受基督的！這樣是不公平的。審判永遠是根據所知道的，根據

所給予的亮光。」

1. 神會怎樣審判那些未聽過基督的人？

2. 你對基督認識有多深？你怎樣回應祂的要求？請解釋。

五、「我亦相信，那些願意承認他們是虧缺了的人、那些離棄人造的假神回轉到基督的人，都會得到更多可以引領他們認識基督的亮光。」

1. 這句話是基於甚麼事情説的？

2. 你同意這説法嗎？請解釋。

六、「我們可以首先肯定，懲罰的程度會按照知道多少而定。其次，神會考慮到關乎環境和內心回應的每一點點資料。」

1. 我們為甚麼可以肯定，懲罰的程度會按照知道多少而定？

2. 為甚麼須要考慮到一個人的內心回應？

七、「如果神有計劃拯救一些沒有信靠基督的男和女，祂選擇了不將此啟示出來。我們必須抵抗以私意解釋聖經的誘惑。我們的角色是以一堅定的信念傳揚福音，就是信道是從聽道而來，而人不能相信任何他們不知道的事。」

1. 你覺得神為甚麼沒有將許多東西啟示出來？

2. 你怎樣完成傳揚福音的角色？

找出真理

一、讀約翰福音十四章6節；使徒行傳四章12節；提摩太前

書二章5至6節。

1. 這些經文教導我們可以怎樣接觸神？

2. 這些經文的作者怎樣回應這句説話：「到神的途徑有很多」？請解釋。

二、讀申命記十二章3節；詩篇九十六篇5節；哥林多前書十章20至21節。

1. 這些經文教導我們其他的「神祇」是怎樣的？

2. 神從前的子民應怎樣對待這些其他的神祇？

三、讀創世記十八章25節；羅馬書九章14至16節。

1. 這些經文向我們保證神的審判是怎樣的？

2. 這些經文怎樣在我們沒有得到答案時，給我們內心的平安？

四、讀羅馬書一章18至23節，二章12、14至16節。

1. 神怎樣向人類顯明祂的「永能和神性」？

2. 一個人的良心怎樣有助決定他會如何被審判？

五、讀使徒行傳十章，十一章14節。

1. 用你自己的字句重新說出哥尼流的故事。

2. 哥尼流是在彼得探訪前還是探訪後得救的呢（十一14）？為甚麼要注意這點？

六、讀使徒行傳十七章22至23節。

1. 從這段經文，你學習神是怎樣的？

2. 使徒保羅是否相信，雅典的神祇是通往真神的其他路徑？請解釋。

七、讀路加福音十二章42至48節。

1. 這段經文說明哪些神審判人的原則？

2. 耶穌向我們這些聽見這段經文的人，有甚麼挑戰？

八、讀申命記二十九章29節。

1. 你相信這段經文所說的「隱祕的事」是甚麼？

2. 你覺得神為甚麼將這節經文加入聖經內？

謊言六

神不須為天災負責

有人告訴我，幾年前美國加州發生地震之後，一班牧師舉行了一個早餐祈禱會。他們談論到被挪移了的高速公路和倒塌了的大廈，並同意神實際完全沒有參與這場浩劫。世界已經墮落了，所以地震只跟隨自然定律發生。不過，很奇怪，一位牧師作結束禱告時，卻感謝神把地震安排在早上五時發生，那時高速公路上的汽車很少，行人路上也差不多是空的。當他祈禱完後，他的同工都同聲同氣地說「阿們」。

那麼，究竟這場地震與神是否有甚麼關連的呢？如果神在地震發生時只是一個中立的力量，那為甚麼要感謝祂安排了地震的時間呢？如果神與這個墮落了的世界裏發生的事沒有直接關連，我們又為甚麼要祈禱以免除這些災難呢？

「神啊！不要這樣！神啊！不要這樣！」這是一個顯然覺得神與大自然有關係的人所說的。當一股殺人的龍捲風在摧毀他的家和商舖時，他躲在地下室這樣祈禱著。當數十股猛烈的龍捲風橫掃俄克拉荷馬州和部分的堪薩斯州之後，數以百計喪失了家園的家庭徘徊在廢墟中。這場風暴殺了四十三個人，摧毀了一千五百多間民居和數百商舖。一股巨大的漏斗雲，一股五級（最高級）的龍捲風挾著時速超過二百五十哩的大風，蹂躪大地四小時。[1]

統計數字本身沒有十分大的意義。不過試想像一個兩歲小孩子從父親手中被捲去，拋上幾十尺高空，然後重重摔回地上；或者，一個爬進龍捲風保護站的父親，卻因保護站被水淹沒而溺死。[2]

這些和一九九七年土耳其發生的大地震比較，只是小巫見大巫。那次地震死了一萬五千多人。我們可以從下面記者的報道中感受到劫後遺屬的悲痛：

> 他們有的選擇只是兩個地獄：一是在雨中的泥地或森林中睡在濕透的毛毯上；另一個是在城市廢墟街道旁，睡在成羣的老鼠和數以千計的死屍旁。
>
> 在土耳其西北部，長達二百多哩的工業走廊的廢墟中，喪失了家園的人都作出他們的選擇：愈來愈多人跑到山上。他們極度的恐懼和精神創傷使他們再不懂為慘死了的家人慟哭。他們只懷著一個意念：逃離這個曾經是他們家園的傷心地。
>
> 這些曾經繁榮的都市，隨著每小時的流逝而被棄置。超過二十五萬人接受了不能再在這裏生活下去的事實。四個主要的城鎮都被毀爛得只好將它們夷為平地。由伊斯坦堡到亞大伯沙里之間所有的社區沒有一間房子可以讓人安全居住。
>
> 昨天，雨仍沒有停過。那些還留在這裏的人用

黑色的垃圾袋和白色床單蓋著自己，好像一隻隻黑白無常在流蕩，或在任何可以的地方嘗試睡覺。[3]

我想到令洪都拉斯死了二萬五千多人和約五十萬人無家可歸的海嘯；令委內瑞拉幾天內死了五萬人的山泥傾瀉。我們在電視看到貧窮、孤兒、污水、和被蹂躪的城市。我們很難明白這些災難的深度。謝謝新聞媒介，我們聽到和看到那些情景。但幾天後，新聞報道減少了；然而，悲愴的人只能懷著他們的悲劇一起度過餘生。祝福他們。

很多人稱這些為「神的行動」，而其他人卻認為必須免除神在這些事上的參與。他們堅持說神只是一個有興趣的旁觀者，任由世界決定它自己的命運。祂只觀看這些事情發生，而很少參與在其中。真的，祂可以防止這些事情發生，但祂選擇了袖手旁觀的態度，只會偶爾才干預自然定律。

這一章的目的是要回答五個問題：神是否控制天災的？如果答案是肯定的話，當我們對抗大自然時，我們是否在對抗神？如果是的話，我們膽敢控告神做邪惡的事嗎？我們應該如何理解這些事件，而神想藉著這些毀壞向我們傳遞甚麼信息呢？最後，一位准許(計劃？)這些恐怖事件發生的神值得我們信靠嗎？

神是否控制天災的？

聖經很清楚地說，世界已經墮落了。神對亞當說：「地必為你的緣故受咒詛；你必終身勞苦，才能從地裏得吃的。地必給你長出荊棘和蒺藜來；你也要吃田間的菜蔬。」(創三17～18）我曾經聽過一個故事，有一個人用很多時間美化他的花園，又栽種了很多花草。有一位朋友探望他的時候，很欣賞他的花園，並且對他說：「嘩，神在這裏的創造多奇妙啊！」那個園藝家說：「是嗎？你沒有看過以前神在這裏造的是甚麼樣子吧！」是的，如果我們要美麗和對稱的花園，我們就要整理它。

當神咒詛人，祂也咒詛了大自然。神不容許有罪的人繼續住在一個無罪的樂園。就像我們有光明的一面，也有黑暗的一面，大自然也是一樣。大自然在等待著我們的救贖，以至它自己也可以與我們一起得救。感謝神，咒詛可以被解除的。正如保羅確定地說：「受造之物切望等候神的眾子顯出來。因為受造之物服在虛空之下，不是自己願意，乃是因那叫他如此的。但受造之物仍然指望脫離敗壞的轄制，得享神兒女自由的榮耀。」（羅八19～21）

每一天，我們都可以看到咒詛的結果：海嘯、地震、龍捲風、颱風、旱災和水災。實在的，天災的數目不斷地增加，每年數以千計的人死於大自然力量的變動下。這是不是說神已經從大自然中隱退了呢？當這些慘劇發生時，祂是不是採取袖手旁觀的態度呢？

我們必須將這些事情的直接原因和最終原因分別出來。地震的直接原因是地殼下面出現斷層，仔細說，是當地殼上層向一個方向移動，而下面一層卻向反方向移動。龍捲風的直接原因是風和溫度的模式變化。但這些事情最終的原因是神。祂用直接或間接的方法管治大自然。無論怎樣，祂掌管一切。畢竟，祂是那創造者，一切事物的供應者。我們可以和華茲一起唱：

一朵小花，一棵小樹，
都被裝飾鮮明；
微風吹拂，祥雲飄揚，
都聽寶座命令。
——《唱述父神偉大權力》(*I Sing the Mighty Power of God*)

幾代以前，當收音機被發明時，有人說，有些基督徒認為將人聲奇妙地傳送是撒但的詭計。畢竟，他的理由是：魔鬼是「空中掌權者的首領」(弗二2)。今天我們可以作會心微笑，但那些信徒也有一點對的地方，撒但在空中行走，製造混亂。在約伯記中，神讓撒但有掌管雷電和風暴的權力。但我要問：這是否說神將這些災難拋給祂那倒霉的大對頭？

試試這樣想：首先，讓這些天災發生的神，其實可以選擇**不**讓它們發生。由於祂准許這些事情發生，祂表明了這些天災是在祂意願的範圍之內。留心約伯的故事。撒但使雷電和風災發生，但牠只可能在神的許可下才能這樣做。牠這樣做因為神說：「凡他所有的都在你手中；只是不可伸手加害於他。」(伯一12) 馬丁路德說得對：「甚至魔鬼也是神的魔鬼。」

第二，聖經有時候將神描寫成掌管著大自然的，甚至不用間接的方法。當門徒以為會被浸死的時候，基督從夢中醒過來，說：「住了吧！靜了吧！」效果是立即的：「風就止住，大大地平靜了」(可四39)。同一位基督也可以說同樣的話，洪都拉斯的巨浪也會服從祂；做成委內瑞拉山泥傾瀉的大雨也不會變成水災。

第三，如果天軍可以宣告神的榮耀，如果神真的將祂的屬性藉著大自然積極地啟示出來，為甚麼大自然的災害不可以將祂其他的屬性也啟示出來呢？聖經裏面沒有暗示，創造星星和維持它們一致的神是與大自然脫節的。如果大自然要給我們一幅平衡的神的圖畫，我們必也須看到祂的審判。「耶和華在天上，在地下，在海中，在一切的深處，都隨自己的意旨而行。他使雲霧從地極上騰，造電隨雨而閃，從府庫中帶出風來。」(詩一三五6～7)

在挪亞的時代，是誰將洪水降在大地上？神說：「看哪，我要使洪水氾濫在地上，毀滅天下；凡地上有血肉、有氣息的活物，無一不死。」(創六17) 是神決定日期、時間和雨量的大小的。這些都依照祂所說的發生。

是誰差遣災禍(那些可以感受得到的冰雹和黑暗) 到埃及？是誰令太陽「停止不動」，以便約書亞打勝仗？是誰在以利亞的時候將天空封密，後來經以利亞禱告後才再下雨？是誰在可拉的兒子們背叛摩西時差遣地震？這件事有特別的重要性：「摩西剛說完了這一切話，他們腳下的地就開了口，把他們和他們的家眷，並一切屬可拉的人丁、財物，都吞下去。這樣，他們和一切屬他們的，都活活地墜落陰間；地口在他們上頭照舊合閉，他們就從會中滅亡。」(民十六31～33)

還有人可以不相信，神是這些天災的最終原因嗎？

聖經的作者令我們無可懷疑，是誰造成那場令水手們將約拿拋落海中的大風暴：「然而耶和華使海中起大風，海就狂風大作，甚至船幾乎破壞。」水手們不忍心將他們不需要的貨物拋下海中。但聖經寫道：「他們遂將約拿抬起，拋在海中，海的狂浪就平息了。」(拿一4、15) 很明顯，神掌管這件事。

這些故事有甚麼相同之處？首先，我們注意到神一絲不苟地控制著這些事件。無論是地震、烈風或者暴雨，都是照著神的說話而來去。第二，這些大多數都是審判的行動，是神表達祂憎惡反叛的方法。在舊約時代，這些審判通常是將正義的和邪惡的分隔開(我們會在下面看到，這種說法並不適用於現代)。不過，我們看到，甚至在那時代，一些正義的人也成為這些審判的受害者。約伯的兒女死亡，並不是因為他們是邪惡的，只不過神要這樣試驗他們的父親。

如果你的腦袋還懷疑神是否那掌管大自然的最終者，讓我問你，你有沒有試過為一個婚禮祈求美麗的天氣？你有沒有在天旱的時候祈求過下雨？你有沒有在雷暴中祈求過保護？很多不相信神掌管天氣的人，會在一股漏斗雲吹近他們的時候改變他們的想法。

十九世紀著名的英國佈道家司布真(Charles Haddon Spurgeon)信服神對大自然的控制是準確和完全的：

> 我相信每一顆在陽光下舞蹈的微塵，它所移動的分毫都是神的旨意；每一點碰激汽船的水花，都像天空的太陽一樣有特定的軌道；每一粒在養魚

> 人手中撒出的魚糧，都像在運行中的星星一樣地被引導；每一隻在玫瑰花蕾上爬行的蚜蟲，都像一場在蔓延中的、具毀滅性的瘟疫一樣被安排好；一片從楊樹飄下來的黃葉，都像洶湧下來的雪崩一樣被註定。相信神的人必須相信這些真理。[4]

怪不得很多人指摘司布真是一個宿命主義者。但他說這是完全不同的教義：「命運指定事情是怎樣，事情就必須如此發生。但真正的教義是：神指派這個，指派那個，不是因為必須如是，而是因為這樣會是最好的。**命運是盲目的，但聖經所說的天命是有許多眼睛的**。」[5]神不會湊巧而做任何事的，祂永遠都有一定的目的。因此，命運是冷酷的，不會傷心流淚；神的預備卻是善良美好的，我們可以為此安枕無憂。

像我剛提過，如果你找到一個反對神是最終掌管天氣的基督徒，你會發覺他在雷暴中會改變他的神學思想。當他跑到外面，感受到在空中嘶嘶發聲的電力的時候，他會祈求安全。我們可以嘗試將神從這些事件中分隔出來，但當我們低頭禱告的那一刻，我們知道祂掌管一切。三藩市那一班牧師感謝神將地震安排在早上交通稀少的時候發生是對的；不過他們錯在說神對這場慘劇沒有責任。當然，祂有責任。在聖經和邏輯上都沒有其他解釋。

我當然不十分高興將「責任」這個詞用在神的身上。對我們來說，責任通常是指要負責任的，但神不須要向任何人負責。「然而，我們的神在天上，都隨自己的意旨行事。」（詩一一五3）

當我們對抗大自然時，我們是否在對抗神？

當我們對抗大自然時，我們是否在對抗神？法國作家卡繆（Albert Camus）在他的著作《瘟疫》（*The Plague*）中為這個問題掙扎：與瘟疫戰鬥是否等於與神戰鬥。這本書的故事是說：第二次世界大戰開始的時候，老鼠將瘟疫帶到奧蘭市。卡繆說，我們的選擇有兩個：一是與醫生聯手抵抗神，一是與消極的教士聯手作反人道主義者。[6]如果神站在大自然後面，如果災難是依照祂的旨意及目的而來，我們抵抗大自然，不就是在抵抗神嗎？

答案是否定的。我們可以對抗瘟疫（或者其他災禍），但不與神對抗。就算神怎樣掌管大自然，聖經說得很清楚：**大自然不是神**。基督教教義與泛神主義所說的「所有東西都是神，神是所有東西」是完全不同的。實在的，**神將大自然交給我們，是叫我們治理它**。神最初授權給亞當是要他「遍滿地面，治理這地，也要管理海裏的魚、空中的鳥，和地上各樣行動的活物」（創一28）。人墮落後，須要在大自然中奮鬥，披荊斬棘，汗流浹背才可辛勤得食。

我解釋過，神常常用次要的原因管理大自然。祂可以用魔鬼在約伯身上，或者用已經有了的自然定律。祂用天氣的模式造龍捲風、地下的斷層造地震。神用這些直接的原因，完成祂對大自然的指令和管理，但祂亦邀請我們抵抗這些災難。

韋敏斯德公認信條很留心這些重要的區別。雖然它用的是古老的文字，但我鼓勵你小心地讀這些字句：「雖然，萬事皆不變與無誤地發生在神之預知與命令下之首因中；

然而，以同樣之天意，神令萬事或必然地、或自由地、或偶然地，以次因發生。」[7] 我們應以我們最大的能力管理大自然。神用大自然祝福我們、挑戰我們、餵養我們、教導我們。神為我們永恆的益處用這些力量，像用魔鬼一樣，希望我們盡可能制服它們。是的，我們能夠，也**必須**抵抗瘟疫。

事實上，信徒應該願意幫助那些在危難的人，甚至冒個人的危險。馬丁路德面對基督徒是否應該幫助在威登堡瘟疫中生病及將死的人的時候，他說：「這是神的命令及懲罰，我們必須耐心地順服；好像聖約翰教導要捨身服事我們的鄰舍一樣，『主為我們捨命；我們也當為弟兄捨命』(約壹三16）。」[8]

馬丁路德亦寫道：

> 如果神的旨意是要邪惡臨到我們身上毀滅我們，我們任何的預防措施也幫不了我們。每一個人都應該將這點放在心上：首先，如果他感到必須身處險境地去服事鄰舍，讓他給神一個好印象，說：「主啊，我在祢的手裏，祢將我放在這裏，祢的旨意必成全。我只是祢卑微的被造物。祢可以在瘟疫中、或火災、或水災、或旱災、或任何危險中殺我或拯救我。」[9]

是的，瘟疫是「神的天命」，但是，我們必須盡我們的能力去救護垂死的或生病的人。當基督徒在災難中找尋機會救受傷的人的時候，我們應該為他們感謝神。如果一個人在幫助別人時喪生，我們應如路德說的，願神的旨意得到成全。

看耶穌在拉撒路的墓前哭泣，聽祂的嘆息：「耶穌又心裏悲歎，來到墳墓前；那墳墓是個洞，有一塊石頭擋著。」當石頭被挪開後，耶穌大聲呼叫說：「拉撒路出來！」那死人就在眾人面前走出來(約十一38、43)。讓拉撒路死亡的耶穌與將他從死裏復活過來的耶穌，是同一個人。同樣，那位創造自然定律、讓它們「自然運行」的神，與那位邀請我們和大自然搏鬥的神，是同一位神。我們可以用藥物和科技延長我們的壽命，但我們始終難逃一死。不過，最後我們還是勝利的，因為基督來到，戰勝了世界墮落的朽壞。

但是，如果神是所有事物的最終原因，我們膽敢控告祂做邪惡的事嗎？祂所有的禮物不都是好的、完美的和有幫助的嗎？讓我們繼續我們的反思。

我們膽敢控告神做邪惡的事嗎？

在約伯記內，年輕的神學家以利戶這樣描寫神：

他對雪說：要降在地上；
對大雨和暴雨也是這樣說。
……神噓氣成冰；
寬闊之水也都凝結。
他使密雲盛滿水氣，
布散電光之雲；

這雲是藉他的指引游行旋轉，
得以在全地面上行他一切所吩咐的，
或為責罰，或為潤地，
或為施行慈愛。

（伯三十七6、10～13）

「這雲是藉他的指引游行旋轉，或為責罰，或為潤地，或為施行慈愛。」我們喜歡將神當作是只掌管大自然正面的事情的：陽光、無可抗拒的、誘人的平靜海水、閃閃星光的天際。但我們知道，神掌管大自然的一切。如果大自然的祝福表明了神的善良，大自然的咒詛也證明了祂的審判。無論怎樣，大自然的存在是要指導我們、幫助我們更明白神。

閃閃的星夜反映出神的榮耀，和風麗日提醒我們神的恩慈，大自然的起伏波動證明了神的審判。如果它的平靜預示天堂的美境，它的起伏則預示地獄的痛苦。「可見，神的恩慈和嚴厲，向那跌倒的人是嚴厲的，向你是有恩慈的；只要你長久在他的恩慈裏；不然，你也要被砍下來。」（羅十一22）我們不要因大自然是既溫和又嚴厲而驚奇。

我們抱怨天災，但常常忘記神為義人也為惡人無分彼此的帶來陽光和雨水。真的，我們須要善待我們的敵人的原因是因為這個應許：「你們倒要愛仇敵，也要善待他們，並要借給人不指望償還，你們的賞賜就必大了，你們也必作至高者的兒子，因為他恩待那忘恩的和作惡的。」（路六35）當地不震動、龍捲風不吹、洪水不來的時候，我們是多麼不懂得去感恩。「我們不致消滅，是出於耶和華諸般的慈

愛；是因祂的憐憫不致斷絕。每早晨，這都是新的；你的誠實極其廣大！」(哀三22～23)

當神准許這些好像是對人類十分有毀滅性和痛苦的事情發生時，祂還可以稱為善良嗎？實在的，如果我們有力量防止地震，如果我們可以阻止在洪都拉斯的海嘯，我們必定會這樣做。只要想到天災過後，新的孤兒、寡婦、鰥夫、毀壞的資源和新的墳墓，我們應該指控神做邪惡的事嗎？

首先，讓我們坦白地承認，神有另一些規則。如果你站在一個泳池旁邊，看著一個小孩子跌進泳池也不加援手，你的疏忽會成為你被控告的原因。但神可以看著孩子被溺斃，或每天都餓著肚子，而不插手阻撓。祂差遣旱災，令食物短缺。祂差遣海嘯，毀滅家園。

我們有義務盡力維持人的壽命。如果神也須要依從這樣的規定的話，那將會沒有人死亡。祂可以叫世上所有人永遠生存。對我們是違法的事，對神來說只是日常生活的一部分。

為甚麼會不同？因為祂是創造者，我們只是被造物。因為祂是生命的施予者，祂也有權力取回生命。祂有長遠的議程，比盡量維持人類的壽命更複雜。死亡與毀滅是祂計劃的一部分。「我的意念非同你們的意念；我的道路非同你們的道路。天怎樣高過地，照樣，我的道路高過你們的道路；我的意念高過你們的意念。」(賽五十五8～9)

你有沒有想過，十誡並不全部適用於神的身上？例如，祂不可能偷盜，因為所有東西都是祂的。祂不會作假見證；但由於祂沒有父母，祂只能孝敬祂自己。祂通常不會將人擊死，但祂經常、每日、每小時都藉著疾病、天災和其他災難奪取人的性命。

著名的哲學家米約翰 (John Stuart Mill) 曾經寫道，天災證明了神不是善良，也不是全能的。因為，如果祂是的話，祂會仔細地將痛苦和快樂，以每個人應得的分配給世人。由於天災是隨意發生的，米約翰寫道：「就算用宗教或哲學上最蠻不講理的看法，也不能將管理大自然的方法，說成是一位既善良、又是全能的神的工作。」[10]

不過，米約翰忘記了第二個原則，就是最後的獎賞和懲罰並不是在這一生報應的。其實，聖經的教導是：義人常常遇到最悲慘的災難。事實上，神既是善良也是全能的，但祂以永恆的角度作工，而不在乎時間；祂用永恆的觀點作所有的決定。如果你想像用一把軟尺量度最遠的星座，地球只不過是一根頭髮那麼粗。所以，我們用一霎那的時間觀念看事情，但神用的卻是永恆的宏觀。要懲罰或獎賞的時間多得很。我們相信神對土耳其令人心碎的、奪了數千生命的悲劇，有一個美好的、全智的目的。真的，作家琵巴爭論說：「祂有千千萬萬的目的，大部分都向我們隱藏起來，直至我們在時候的末了才能明白。」[11]

第三，神並不喜悅看到人類的痛苦。那當然會和祂愛世人的屬性不協調。但神喜悅行使祂的審判。摩西對以色列人說，如果他們犯罪，後果會是這樣的：「先前耶和華怎樣喜悅善待你們，使你們眾多，也要照樣喜悅毀滅你們，使你們滅亡；並且你們從所要進去得的地上必被拔除。」(申二十八63) 原因很明顯，祂喜歡維護祂自己的榮耀，並不容有失。

最後，我們這些有限的人不可以衡量一位無限的神。神沒有義務要告訴我們，祂準備做的所有事情。我們也不必要看到神永恆的目的，才能相信祂有這樣的計劃和相信祂知道自己在做甚麼。正如保羅提醒一個假定反對神權柄的人所說，陶泥沒有權審判陶匠。我們不必知道神的目的才可以下拜在祂的權柄面前。我們能夠在神沒有將所有細節顯示給我們的時候都能夠信靠祂，是會令到神喜悅的。「人非有信，就不能得神的喜悅；因為到神面前來的人必須信有神，且信他賞賜那尋求他的人。」(來十一6)

卡白爾 (William Cowper) 將神的奧祕作這樣的描述：

神移動的方法實在奧妙，
祂創造奇迹，
將足迹印在海底；
在深不可測的礦洞下，
快馬揚鞭地，
策騎著風暴。
祂珍藏著聰明的設計，
完成祂無上的旨意。
忠誠的信徒們，拿出勇氣，
你們所畏懼的雲朵，
包著極大的憐憫，
將祝福灑在你們的頭上。
不要用軟弱的理志判斷你們的主，
要信靠祂的恩典；

在皺著眉的天意後面，
藏著一張歡笑臉。
祂時、分、秒地顯露，
快會成全的目的。
花蕾雖然味苦，
開花後，香甜無比。
盲目的不信一定會出錯，
審視祂的作為也必徒然；
神是自己的翻譯員，
祂終會令我們明白一切。[12]

一個聰明人這樣寫道：「不必因為你不明白生命的奧祕而悲傷，幕後藏著的是很多快樂。」[13]信靠神的信徒知道這是真的。

天災傳遞的是甚麼信息？

當有人告訴耶穌，彼拉多屠殺了一羣加利利人，並將他們的血混在外邦人的祭物中，祂回答說：「你們以為這些加利利人比眾加利利人更有罪，所以受這害嗎？我告訴你們，不是的！你們若不悔改，都要如此滅亡！」(路十三2～3) 當然，祂的回答並不令我們驚奇，因為殉道常常是一個人的信心的表現。真的，耶穌自己也是被殘忍地謀殺的。

然後，祂繼續說：「從前西羅亞樓倒塌了，壓死十八個人；你們以為那些人比一切住在耶路撒冷的人更有罪嗎？我告訴你們，不是的！你們若不悔改，都要如此滅亡！」(路十三章4～5) 災難是一幅審判的圖畫，但死在災難中的人，比起那些沒有經歷這命運的人並不是更大的罪人。

這是舊約和新約一個很大的分別。從前，神直接地管治猶太民族，祂看待他們如一個的整體。所以他們的服從和自然力量的配合，有一個立即的因果關係。神使祂對子民的祝福直接連繫於大自然的運作上。「我若使天閉塞不下雨，或使蝗蟲吃這地的出產，或使瘟疫流行在我民中，這稱為我名下的子民，若是自卑、禱告，尋求我的面，轉離他們的惡行，我必從天上垂聽，赦免他們的罪，醫治他們的地。」(代下七13～14) 在新約時代，神甚至把豐收賜給一個離開祂的國家，就像我們所看到今天的美國一樣。正如壞人與好人一樣得到福分，好人也會常常與壞人一起在我們當中發生的天災裏死亡。

我們不可以假裝完全明白神的旨意，為甚麼慘劇會發生在一個國家，或者一個家庭，或者一個人身上。但天災是神的揚聲筒，向我們大喊我們應該快快學習的信息。

首先，死是無可避免的。當你看到那些死於非命的訃聞時，你應該想像你的名字也在那專欄內。我們都認識一些突然遇害的人。在那些時刻，死亡是那麼的實在，以至我們記得，我們也可能沒有被預告就會死。天災提醒我們，每人都不免一死。

我聽過一對因為怕地震的夫婦離開了加州，結果卻在密蘇里州死於龍捲風之中。生命是從神借貸過來的。賞賜的是神，收取的也是神；都是依照祂旨意所定的時間和方法。這樣聽來好像是沒有心肝的，但魯益師指出的是對的，天災並沒有增加死亡的數字。這些天災的死者反正遲早也會死。這些說話聽來很殘酷無情。事實上，死亡對我們是無可避免的，或是癌病、或是意外、或是天災，我們都難逃一死。因為聖經教導，死是天意安排的約會。

第二，天災提醒我們審判將要來臨。「你們若不悔改，都要如此滅亡！」(路十三35) 很明顯的，不悔改的人不一定死在同樣的災難中，但他們會在無警告下被審判毀滅。

耶穌預言說，末世的災難是末日的預兆。「多處必有饑荒、地震。這都是災難的起頭。」(太二十四7～8) 大自然的大變動是神最高的審判之一部分。這裏記載了將來的「天災」：

> 揭開第六印的時候，我又看見地大震動，日頭變黑像毛布，滿月變紅像血，天上的星辰墜落於地，如同無花果樹被大風搖動，落下未熟的果子一樣。天就挪移，好像書卷被捲起來；山嶺海島都被挪移離開本位。
>
> 地上的君王、臣宰、將軍、富戶、壯士，和一切為奴的、自主的，都藏在山洞和巖石穴裏，向山和巖石說：「倒在我們身上吧！把我們藏起來，躲避坐寶座者的面目和羔羊的憤怒；因為他們憤怒的大日到了，誰能站得住呢？」
>
> (啟六12～17)

很多人說他們不能夠相信神會嚴厲地審判人；他們特別覺得地獄是不可思議的。但如果祂容許六百萬猶太人(其中幾十萬是小孩子)被冷酷無情地屠殺，那麼他們可能不難會相信最後審判和地獄的恐怖事實。自由派神學的神是一位盡力尋求祂的被造物快樂的神，是一位永不審判我們的罪，或者將罪人打入地獄的神。但這一位神卻不是記載在聖經內，也和世上的天災有矛盾。祂並不喜悅於人類的苦難，但祂喜悅於真理和正義的得勝，和完成祂隱藏的旨意。

最後的教訓是，我們可以藉著悔改逃過將要來的審判。記得鐵達尼號吧！當它沉沒的時候，一千五百二十二人隨著它白白地沉入海底的墳墓去。就算我們將這事件算作一連串的人為錯誤，神其實不用干犯人的自由意志，也可以阻止它沉沒。這事件再一次提醒我們，准許這件不可思議的悲劇發生的神是我們應該懼怕的。

當鐵達尼號慘劇的消息傳到世界各地之後，要辦的事是怎樣通知乘客的家屬，他們的親人是死、是活。在英國利物浦白星公司的辦公室豎起了一塊大布告板，一邊寫著「已知被救者」，另一邊寫著「已知死亡者」。布告板前站著幾百人。當一個信差帶來新消息時，他們會問：「布告的是誰的名字？要放在哪一邊？」[14]

雖然鐵達尼號的旅客分成頭等、二等、三等，但船沉之後，只有兩類人：得救的和失喪的。同樣，我們可以將世人以地理環境、種族、教育程度、財富分成很多不同的等級。但到了審判的日子，只會有兩類人：得救的和失喪的。

或者，一個母親會在天堂中找尋她的兒子，不知道他是否平安地進了天國的大門。妻子會等她們的丈夫，父母會等他們的兒女。

今天，神從天堂大聲對我們呼喊：「除非你們悔改，你們必定滅亡！」

個人的回應

面對大自然恐怖的大變動時，我們第一個反應應該是下拜。當約伯在風暴中失掉他的十個兒女時，他不知道寫在他的書前面的開場白；他不知道撒但和神曾經有一場對話，他被挑選做一個特別的試驗。沒有解釋，約伯不知道神的旨意的細節。一場天災消滅了他的十個兒女。看著山坡上的十個新墳，他面對著一個抉擇。他選擇了下拜：「我赤身出於母胎，也必赤身歸回；賞賜的是耶和華，收取的也是耶和華。耶和華的名是應當稱頌的。」(伯一20)

第二天，事情變得更糟。撒但得到神的允許攻擊他。「於是撒但從耶和華面前退去，擊打約伯，使他從腳掌到頭頂長毒瘡。」(伯二7) 約伯再一次面對抉擇：他應該下拜還是咒詛？

撒但對神說，如果將約伯所有的一切拿去，他一定會當面咒詛神 (伯一11) 。雖然撒但預言約伯會咒詛神，而雖然約伯的妻子也不能忍受他的痛苦而用這些含義深長的評語慫恿他：「你棄掉神，死了吧！」但約伯不理會這些，他用一個神學家敏銳的洞察力改正她說：「難道我們從神手裏得福，不也受禍嗎？」(伯二9～10) 他知道好日子和困難都是從神而來的。他會祝福，不會咒詛。

我們可以信靠一個掌管大自然的神嗎？可以的，因為除非祂這樣做，否則我們會受一些無原則的命運擺布。要我接受神不是天災的最終原因並沒有給我帶來任何安慰。如果魔鬼沒有得到神的允許就可以創造龍捲風和颱風，我可以除時死於非命。可能神還要我完成一些工作的時候，我會被一道不受神控制的雷電擊死在行人路上。但如果天氣是跟隨祂的路線而行，那我就可以有信心我的生命會依隨祂的旨意和計劃。**如果大自然不受神掌管，我的生命也不受神掌管**。

神掌管大自然的事實並不妨礙信心，反而增強信心！如果神是有主權的，我們就可以確信「萬事都互相效力，叫愛神的人得益處」(羅八28)。我們不相信命運，而是相信全智的神所預定的特別目的。天災可能會使一些人離開神，但對其他人會有相反的效果，它們會令我們親近神，因為它們提醒我們甚麼是暫時的，甚麼是永遠的。

當你腳下的大地震動時，或者當一股龍捲風吹過你的門前時，你會找尋躲避處。但最終，我們必定逃到那位真正能庇護我們的神的懷抱中。無論世上有多少東西會移動，我們永遠可以在全能者的安慰中找到*terra firma*——實地。我們要被提醒，萬事都要成為過去，只有永恆的才可永存。

可拉正義的兒子們(詩篇的作者，不是地震的受害者)知道萬事成為過去後，神仍在。他們邀請我們承認神的尊貴，並跑到神那裏去尋找安全。

神是我們的避難所，是我們的力量，

是我們在患難中隨時的幫助。

所以，地雖改變，

山雖搖動到海心，
其中的水雖匉訇翻騰，
山雖因海漲而戰抖，我們也不害怕。
有一道河，這河的分汊使神的城歡喜；
這城就是至高者居住的聖所。
神在其中，城必不動搖；
到天一亮，神必幫助這城。
外邦喧嚷，列國動搖；
神發聲，地便鎔化。
萬軍之耶和華與我們同在；
雅各的神是我們的避難所！
你們來看耶和華的作為，
看他使地怎樣荒涼。
他止息刀兵，直到地極；
他折弓、斷槍，
把戰車焚燒在火中。
你們要休息，要知道我是神！
我必在外邦中被尊崇，
在遍地上也被尊崇。
萬軍之耶和華與我們同在；
雅各的神是我們的避難所！

（詩四十六篇）

註：

1. *Chicago Sun Times*, 5 May 1999, 1.
2. *Chicago Sun Times*, 5 May 1999, 1.
3. "The Lost and Helpless Flee from Hell to the Hills"，載於 *Independent Foreign News*, 26 August 1999。
4. C. H. Spurgeon, *The Treasury of the Bible, The Old Testament*, vol. 4 (Grand Rapids: Zondervan Publishing House, 1962), p.212.
5. C. H. Spurgeon, *The Metropolitan Tabernacle Pulpit*, vol. 15 (Pasadena, Tex.: Pilgrim Publications, 1970), p.460.
6. Albert Camus, *The Plague*, trans. Stuart Gilbert (New York: Penguin Books, 1966).
7. Hodge, *A Commentary on the Confession of Faith*, p.134.
8. Timothy Lull, ed., *Martin Luther's Basic Theological Writings* (Minneapolis: Fortress Press, 1989), p.744.
9. *Martin Luther's Basic Theological Writings*, p.742.
10. John Stuart Mill, *Nature: The Utility of Religion and Theism* (Watts & Co., The Rationalist Press, 1904), p.21.
11. John Piper,*World Magazine*, 4 September 1999, 33.
12. William Cowper, *Cowper's Poems*, ed. Hugh I'Anson (New York: Everyman's Library, 1966), pp.188～189.
13. 轉引自 Charles Swindoll, *The Mystery of God's Will* (Nashville, Tenn.: Word Publishing, 1999), p.115。
14. Moody Adams, *The Titanic's Last Hero* (West Colombia, S.C.: Olive Press, 1997), p.23.

思考問題

查明謊言

一、「龍捲風的直接原因是風和溫度的模式變化。但這些事情最終的原因是神。祂用直接或間接的方法管治大自然。無論怎樣，祂掌管一切。」

1.「直接的」、「間接的」和「最終的」原因有甚麼分別？每樣各有甚麼重要性？
2. 你會怎樣描寫神管治大地的主權？

二、思想三種有關大自然災害的真理：

- **讓這些天災發生的神，其實可以選擇不讓它們發生。**
- **聖經有時候將神描寫成掌管著大自然的神，甚至不用間接原因。**
- **如果天軍可以宣告神的榮耀，如果神真的將祂的屬性藉著大自然積極地啟示出來，為甚麼大自然的災害不可以將祂其他的屬性也啟示出來？**

1. 大自然的災害怎樣成為「劇烈的憐憫」？這些天災怎樣為我們帶來好處？
2. 大自然的災難顯示了神哪些「其他屬性」？

三、「很多不相信神掌管天氣的人，會在一股漏斗雲吹近他們的時候改變他們的想法。」

1. 你認為這種人為甚麼會改變他們的想法？

2. 這句話和「狐狸洞內沒有無神論者」有甚麼相似的地方？

四、「我們應以我們最大的能力管理大自然。神用大自然祝福我們、挑戰我們、餵養我們、教導我們。神為我們永恆的益處用這些力量，像用魔鬼一樣，希望我們盡可能制服它們。」

1. 管理大自然和濫用它有甚麼分別？
2. 我們怎樣從制服大自然中得著益處？

五、為避免指控神做邪惡的事，思考下列四個評論：

- **神有另一些遊戲規則**
- **最後的獎賞和懲罰並不在這一生報應**
- **神並不喜悅看到人類的苦難**
- **我們這些有限的人不可以審判一位無限者**

1. 神有哪一些遊戲規則？為甚麼這些與我們的規則不同？
2. 為甚麼最後的獎賞和懲罰不在這一生報應？
3. 我們怎知道神並不喜悅看到人類的苦難？
4. 為甚麼有限者應該被禁止去審判一位無限者？

六、「天災是神的揚聲筒，向我們大喊我們應該快快學習的信息：

- **死是無可避免的**
- **審判將要來臨**
- **我們可以藉著悔改逃過將要來的審判」**

1. 這些信息是否通常在災難發生時，大眾才接收到？為甚麼？

2. 一個人怎樣可以藉著悔改逃過將要來的審判？你逃過了嗎？請解釋。

七、「如果大自然不受神掌管，我的生命也不受神掌管。」

1. 你同意這說法嗎？為甚麼？
2. 你相信你的生命受神掌管嗎？請解釋。

找出真理

一、讀創世記三章16至19節。

1. 神怎樣回應亞當和夏娃的罪？之後發生了甚麼事？

____

____

2. 這段經文怎樣幫助解釋大自然災難？

____

____

____

二、讀詩篇一百三十五篇6至7節；創世記六章17節；民數記十六章31至33節。

1. 這些經文描寫了甚麼災難？是誰造成它們的？

____

____

____

2. 我們從這些災難學習到甚麼？

____

____

三、讀耶利米哀歌三章38節；阿摩司書三章6節；約伯記二章10節。

1. 在本質上，這些問題問的是甚麼？它們期待甚麼答案？

____

____

2. 神說，祂最終要為落在我們當中的災難負責。你對這點有甚麼感受？祂希望我們如何回應？

____

____

四、讀路加福音十三章1至5節。

1. 你覺得那些人希望耶穌怎樣回應他們？祂的回答是否令他們驚奇？請解釋。

____

____

2. 這段經文中，耶穌教導我們甚麼原則？我們怎樣應用祂的教導？

____

____

五、讀羅馬書八章18至25節。

1. 我們的世界在將來是否也和現在的敗壞情形一樣？請解釋。

____

____

2. 在我們的身體和我們的世界得救之前，我們應該怎樣生活（25節）？有哪些實際的方法這樣過生活呢？

____

____

謊言七

神不預知我們的決定

讓我們走一條虛構的路程：假設有一個人在你生命中的每一天都在你身旁，記錄你做過的每一件事，包括你眨了多少次眼、行過多少步、坐過多少次、站過多少次，或梳過多少次頭。

又假設他亦記錄你說過的每一句話：好的、壞的、醜陋的、私底下說的、公開說的。有人說，一個普通人一生所說的話可以填滿一個圖書館的書！試想像有這樣的一個圖書館。

讓我們也假設，你的同伴記錄你的思想：你清醒時腦袋中所轉過的念頭，你所沉思的——好的、中立的、或者是邪惡的——他都準確地記錄下來。試想像：如果他將你的思想加上你所說過和做過的事，他就會有佔更多個圖書館的資料——全部都是關於你的！

讓我們再走遠一些。假設這個圖書館不單止包括了你真實的資料，而且還包括了一些**假設**你出生在一個不同的家庭、不同的文化、不同的國家下，可能會是事實的資料。真的，假設這個圖書館詳盡到涵括了所有你在每一個情況中有機會發生的事，包括你在世界上每個家庭、每個世紀、每個年代可能做過的事、說過的話，和想過的念頭。

問題是，就此事而論，神在一千年前，或從永恆中，就已經知道這一切嗎？還是祂要等到我們來到地球，才知道我們決定要做甚麼、想甚麼和說甚麼？

我們在前一章接觸過這個問題，但我想在這裏將問題擴闊討論，因為這是合時的和非常重要的。今日的福音派神學家在辯論，神是否有無限的知識。一些人堅持神的知識是有限的：祂比我們知得多，但祂在我們作出決定之前，不知道我們會怎樣決定。他們的爭論點是：我們總算是有自由的動物——自由得可以令神不會事先知道我們會做任何事，或會想任何事，直至我們真的那樣做和想。

他們說，神只知道將來可能發生的事，卻不知道將來一定會發生的事。當我們面對抉擇的時候，神知道我們有哪些選擇，祂知道我們大約會如何選擇。但祂只能在我們決定了我們的選擇之後，才知道我們選擇了甚麼。當然，最後勝利的總是神，因為沒有事情可以阻礙祂的能力和計劃。就像一個象棋大師，最終都會戰勝一個業餘棋手一樣。不過，祂不會預先知道祂的對手會走哪一步棋。

你應該對這些討論感到興趣吧？還是覺得這些完全是學術性的問題？我覺得你應該十分關注這件事，因為這種被稱為「神的公開性」(the openness of God) 的觀點，可削弱基督教教會持守的重要教義。如果一枚導彈發射時偏差了一度的話，當它著陸時會離開目標幾百里遠。看來雖然是神學上小小的一個錯誤，當我們明白它的含義時，就會知道它的嚴重性。正是如此，相信神的知識有限這個見解，雖然看來和歷史性的基督教教義只有一點的、卻可接受的偏差，但最後，它會毀滅我們對神的信心。

請你耐心聽我解釋。

「有限的神」之起源

認為神的知識是有限的這種觀念是否一項新的見解？不是的。宗教改革時期一個名叫索西奴(Faustus Socinus，1539～1604)的人只接受聖經中他認為合理的部分。他和他的支持者的其中一個目標是恢復古希臘「人有絕對自由意志」的思想；一些古代哲學家爭論說，人若有完全的自由，他必須不受任何神靈的控制，甚至不受他們的知識控制。有人甚至說，當蜘蛛在那些希臘偶像(他們的神靈)的眼瞼上結網時，更多人會到廟宇拜他們！他們的神靈愈不知道他們的事，他們就愈感到安全。

接受這種希臘思想的索西奴主義者並不想徹底否定神的全知，所以他們將「全知」這個詞重新下定義。他們說「全知」的意思是：神只知道一些可以知道的事，而自由的被造物所作的決定是不可以知道的事。所以，由於神不能知道不可以知道的事，祂不知道我們的決定，直到我們作出決定之後。

詹姆斯(William James，1842～1910)可能是這種思想著名的保衛者。他確定人是徹底地自由的，神卻是有限的，而且祂用盡方法消滅世上的邪惡卻不成功。詹姆斯說神不知道未來：「祂不能夠正確地預見祂的對手下一步真的會怎樣走。不過祂會知道祂的對手可能有的選擇，祂亦可以預先知道怎樣回應不同的步驟，以至祂能得到最後的勝利。」

他說：「神的知識只不過和我們的一樣。」[1] 他的觀念是基於他自己理性的思想，而不是基於聖經。他甚至假定宇宙中可能有很多個神，而不止是一個。

我們不必為這種學說能在自由派神學中興旺而感到驚奇。畢竟，如果聖經沒有權威性時，人終究會自由地創造一個他們喜歡的神。要驚奇的是，一些希望被稱為福音派的神學家竟支持詹姆斯的某些觀點，並且將這些教導準備事奉的下一代青年男女。這種異端不只在世界上存在，且在信主的教會裏存在。

我在前面介紹過的安大略省麥馬士達神學院的神學教授潘嘉樂，他可能是現代圈子中堅持「有限的神」的觀點最著名的人。很多年前，我跟從潘嘉樂博士學習，我覺得他慈祥、平易近人，是個有活力思想的人。他在那時開始重新思想他的神學傳統，並且拒絕了一些教義，例如聖經的無誤和神的全知。潘嘉樂寫道：「神……與祂的被造物在一個變化中的環境裏互相影響，祂對世界的經驗是開放的，不是關閉的；在我們作出決定之後，祂知道我們決定了甚麼，但不是在我們作決定之前……祂對世界的經驗是開放的，祂被牽涉在事態的不斷演進之中。」[2]

至少有幾個神學家跟從他的引領。例如，現在是伯特爾學院教授的貝特博士（Dr. Greg Boyd）這樣寫道：

> 在基督教的觀點中，神知道一切事實——一切可以知道的事。但假設祂事先知道一個人如何自由地做一件事的話，這等於說我們是假設這個人的

> 自由活動是已經被知道了——甚至在他自由地做這件事的時候之前！但這是不可能的！如果我們已被賜予自由；我們作決定是創造它們的真實性。直至我們作出決定前，它們是不存在的。因此，我的觀點是：至少，在我們作決定之前是完全沒有人知道的。所以神不可能預知祂所創造的人作好或作壞的決定，直至祂所創造的人作出他們的決定。[3]

貝特博士，好像詹姆斯一樣，將未來降為「可知的」東西，而人的自由行動就在這範圍之外。

安息日會的黎思(Richard Rice)更加爭辯說，未來是「開放」得神也不可能預先知道基督受魔鬼試探時會不會犯罪；未來是「開放」得基督甚至可能在祂的使命中失敗，神也不能預知祂的計劃會否全盤被推翻。[4]

為甚麼這些神學家要限制神的知識？

首先，他們認為，為了要保存人的自由，這種限制是必須的。正如潘嘉樂所寫的：「如果神所有的屬性都是不變的，也知道歷史的話，世上將沒有真正的自由。」[5]讓我解譯他所說的：我們都同意，如果神預知我們會作的決定，我們必定要選擇神所預知我們會作的選擇。因此，如果神預知未來一切的細節，那是說，未來是被「定」了。

試從這方面想：預知暗示必然性。如果神預知該隱會殺亞伯，這件事**不可能**「不發生」。如果神對這件謀殺案一無所知的話，該隱就有更多自由和無限制地作他的選擇。如果神知道未來，祂會知道誰會得救，誰會失喪。這種永不會錯的知識的意思是：未來一定如神所要地發生。所以，這些神學家要否定神知道這些事情，以便未來能夠是「開放」的。

第二，這些作者希望保護神，使祂不被指控為製造邪惡。神如果不預先知道撒但會犯罪，看來祂要負的責任會較祂早已知道的為少。如果神預先知道祂的天使有些會背叛祂的話，祂可以用祂的能力創造一個不同的將來。但這些爭論說，祂在事情發生前不知道他們選擇了背叛祂，所以祂要為此修正自己。總括來說，神對世事愈一無所知，祂對發生的事情就有愈少的責任。

在這種情境中，神的身分只是一個旁觀者。祂選擇了盡量不參與人類的事情，讓我們的自由意志有極大的空間。雖然祂不知道我們下一步會怎樣做，祂希望最好的會發生，亦會為最壞的打算。神的得勝是在於能夠應付世上發生的任何事。

推動這種對神持「開放」態度的人引述幾段經文作為證據。例如，他們提議說，聖經內記錄了很多神對祂的作為感到「後悔」的事（創六6；撒上十五11；撒下二十四16）。這些神學家的爭論是：如果神在創造任何東西時都清楚自己在做甚麼，祂怎會後悔祂所創造的呢？這裏的含義是，神不可能為祂可預知的事而後悔。

但我們等一會看到，神真正預知到罪會帶來的禍害，和祂會因而要忍受痛苦。正如琵巴說：「不過，祂不覺得祂的選擇是錯誤的。祂不會因為祂早知會如此發生的話，祂就會改變祂的行動。」[6] 換句話說，正如我們在第四章看過的，神選擇了當基督釘死時受苦；祂選擇了願意為人類的行為悲傷。這並不是說，神對祂的受造物的背叛所帶來的痛苦是一無所知的。

這種對神「開放」的觀念與基督教主流的神學有分歧。主流的神學教導說，神預知我們的決定。注重自由意志的阿民念主義者，和注重神在我們的決定中有主權的加爾文主義者各有其不同的見解；但他們都同意，神徹底地知道將來的事。祂知道一切事情，包括我們將來的決定。

所以在這一章內，我不會討論阿民念和加爾文之間的爭論，而是討論這種離開福音派神學的「神的開放觀」。我重複這個問題：這種趨勢是嚴重的，還是輕微的教義分歧？在我們回答之前，讓我們列出這種觀念的後果。

相信一位有限的神的一些困難

如果小提琴的一根弦走了音，你必須將它調校以至它與其他的弦有和聲，或將其他弦調校至它們與這根走了音的弦有和聲。我希望能夠以此表明，神的知識一旦被妥協的話，其他所有事情——特別是我們對神的信靠——也會被危及。最終，我們會看到，神無盡的知識會嚇怕我們，但感謝神，這也會令我們疲倦的靈魂安枕無憂。讓我舉出這種「神的開放觀」的一些困難點。

聖經的記載

這種「神不預知祂的被造物的決定」的概念與聖經明確的記載有牴觸。以賽亞的神是徹底的知道將來的：

你們要追念上古的事。
因為我是神，並無別神；
我是神，再沒有能比我的。
我從起初指明末後的事，從古時言明未成的事，
說：「我的籌算必立定；
凡我所喜悅的，我必成就。」

(賽四十六9～10)

如果神最初不知道撒但會背叛祂，不知道亞當和夏娃會犯罪，祂怎可能會在起初就能言明未成的事呢？如果祂不知道我們千千萬萬人會如何選擇，祂怎可能準確地知道每件事的結局呢？如果祂對這些事都是全不知情的話，祂只能指明很少的事。

當然，那些相信一位有限的神的人會爭論說，神知道結局會是怎樣，因為祂可以運用祂的能力(但可以確定，祂不會妨礙人的自由意志)，好像一個在終局得勝的象棋手一樣。但事情比這些更嚴重，依照「開放的神」的觀點，祂不可以完全確定明天我們是否會有一場核子戰爭。一些精神錯亂的人，可能會作一個不顧後果的決定，將整個地球炸毀；神也不能阻止他們，因為他們有自由意志，而神也選擇了讓邪惡在地上橫行。這樣，假使地球上某一個強國突然燃起核子戰爭，神就會連思想準備的時間也沒有，就要面對世界末日的來臨。

大衛絕不會接受這種有限的神的觀念。他這樣寫道：「我們的主為大，最有能力；他的智慧無法測度。」(詩一四

七5）有趣的是，神也將祂預知的能力作為祂比偶像更優越的測試。祂辱罵偶像，嘲笑他們不能知道未來。

> 耶和華對假神說：你們要呈上你們的案件；
> 雅各的君說：你們要聲明你們確實的理由。
> 可以聲明，指示我們將來必遇的事，
> 説明先前的是甚麼事，
> 好叫我們思索，得知事的結局，
> 或者把將來的事指示我們。
> 要說明後來的事，
> 好叫我們知道你們是神。
> 你們或降福，或降禍，
> 使我們驚奇，一同觀看。
>
> （賽四十一21～23）

「要說明後來的事，好叫我們知道你們是神。」這班偶像接受祂的挑戰嗎？當然不可以。神嘲笑他們：「看哪，你們屬乎虛無；你們的作為也屬乎虛空。那選擇你們的是可憎惡的。」幾節之後，祂總括地說：「看哪，他們和他們的工作都是虛空，且是虛無。他們所鑄的偶像都是風，都是虛的。」（賽四十一24、29）分別假神和全能者的其中一個特性是：神準確地知道未來。

預言的準確性

如果神不知道人類將會作出的決定，聖經內幾百個預言大概都不會實現。例如，耶穌怎能知道猶大會出賣祂呢？我們要細心分析一下。

試想像這個情境：猶大出賣耶穌之後，彼得好像十分有勇氣地拿出刀來。但耶穌回應說：「收刀入鞘吧……你想，我不能求我父現在為我差遣十二營多天使來嗎？若是這樣，經上所說，事情必須如此的話怎麼應驗呢？」(太二十六52～54) 經文的意思只有一個：祂被出賣，被捕，即將要死，都一定要照事件一一的發生。

依照潘嘉樂所說，神在猶大出賣耶穌之前，不知道他會這樣做。雖然，一路上都有迹象顯示這件事會發生，但猶大和一班祭司可以改變主意；如果猶大可以改變主意，猶太人在耶穌的審判時也一樣可以；而羅馬人也可以退出這恐怖的事件。因此可以說，神甚至不能確定耶穌真的會被釘死，所有的重要角色都可認為，耶穌並不值得他們花上這麼多工夫，不如讓祂繼續活下去好了。

當然，這不是聖經的教導。很多世紀之前，神已經知道猶大的父母會在某一個日子結婚；他們會有一個男孩子；他會在耶穌在世上事奉的地區中成長。但神亦知道猶大的祖父母幾時會結婚、生甚麼孩子等等，以至無窮無盡 (ad infinitum)。猶大也沒有可能早夭，也沒有可能在那天下午生病，以致不能出賣耶穌，因為神在永恆中已經知道這一切事情都**必要**如此發生。

潘嘉樂建議說，如果A計劃失敗了的話，神會有B計劃，如果這些重要角色退出的話，或者會有其他人釘死基督。但如A計劃失敗的話，我們怎可以肯定B計劃會成功？

神亦不可能肯定C計劃或D計劃會成功。試想像，基督來到世上，儘管所有預言怎樣說，卻沒有人釘死祂！

一點點認真的反思會令我們領悟到這不是聖經所教導的。基督的死是一個在創世之前已確定的事件。就像彼得與約翰在禱告中向神宣告：「希律和本丟彼拉多，外邦人和以色列民，果然在這城裏聚集，要攻打你所膏的聖僕耶穌，成就你手和你意旨所預定必有的事。」(徒四27～28) 彼得在之前的經文也同樣地說：「他既按著神的定旨先見被交與人，你們就藉著無法之人的手，把他釘在十字架上，殺了。」(徒二23) 基督的死是神**預定**的，依照神定下的目的發生。

耶穌無誤地知道彼得會三次不認祂：「彼得，我告訴你，今日雞還沒有叫，你要三次說不認得我。」(路二十二34) 耶穌絕對知道彼得會犯罪，他會犯多少次罪，和在哪個時候犯罪。耶穌在約翰福音十三章19節說明祂發出預言的原因：「如今事情還沒有成就，我要先告訴你們，叫你們到事情成就的時候可以信我是基督。」正如琵巴所註解的：「祂對所有要發生在祂身上的事情的預知，是祂道成肉身、身為神的兒子的榮耀之必要的元素。我相信約翰會說，否定這種預知能力，無論是有心或無意，是對基督的神性的一種侵犯。」[7]

在其他幾十個可以證明神知道人將來的決定的預言之中，我只再舉一個例子。在古列出生前一百五十年，神已命名他，預告他會成為波斯的王，預知他有一個很重要的外交決定(賽四十四24～28，四十五1～6)。再次想想，神要知道多少事才可以作出這個預言：祂要知道古列的每一個祖先，他們會與誰結婚，和其他在族譜內的每一個人；

他們每一個人都要生存過，以至古列能夠出生。神亦要知道每一個角逐波斯王位的參加者，以及古列會贏得王位。祂亦要知道那時候猶太人會在波斯的土地上，並且古列會下旨讓他們重返家園。我們很難想像神能夠知道這些事，而不知道人將來作的決定。

神的全能

「開放式」的神觀腐蝕我們對神的全能的信心。我們在下一章再清楚解釋這一點。我現在只提出這件事：神的預知和神的全能是有關連的。直接地說，神能夠知道未來，是因為祂參與計劃它。如果祂不參與計劃它的話，正如「開放觀」所斷言，那麼世上的事情都不會達到一個指定的目的。雖然神最後會設法完成祂的計劃，但祂須要放棄祂的權力，亦即是說祂現時失去了控制這些事的力量。

如果這好像是將「開放觀」誇大了的話，聽聽貝特（Greg Boyd）說的話。他說他的觀點「假定了基本的意外事故和真正風險的真實性。它更假定這個風險有時會轉壞，甚至犯了宇宙性的錯誤，將地球變成一個真正的戰場。」[8] 我們要問的是，如果神是全能的，為甚麼祂的事情會「轉壞」？當然，我不爭論世上的事情的確很糟，但我可以斷言，這並不是因為神冒險而犯了錯誤。我會在下一章再討論這個問題。

神的可靠性

最後，「開放式」的神觀侵蝕我們對神的信靠。一個醉漢在高速公路上，以時速七十哩飛馳。神並不比在空中的直昇機師更知道汽車司機會做甚麼。全能者不能夠預知是否會有意外，或者司機可否安全返回家中。(畢竟，沒有人會比一個醉酒飛車的人的自由意志更難測度。) 這時候，你正在向反方向駕駛，那個司機撞到你的車子，你即時死亡。

神不單止不知道那個醉漢的決定，也不知道你的死亡。那個晚上，你來到天堂。雖然神知道這件事**可能**會發生，但神不知道它**真的**會發生。所以神不知道今天誰會活、誰會死；祂不知道今天或在將來誰會得救；祂不知道敵基督會怎樣或在何時來臨。祂必須，實際地，每天與我們一起讀報紙才可以跟得上世界潮流。

你可以信靠這樣一個神嗎？你可以信靠一個不知道你早上還生存，晚上就死掉的神嗎？因為祂只能盡力回應一些不能預知的、撒但和人作的決定，「開放式」的神觀不是令我們覺得祂很可憐嗎？我個人覺得，我應該為著「開放式」的神觀不是聖經所說的而感恩。

為甚麼我對這件事有這麼大的感慨？因為我想將一位你可以信靠的神推薦給你。一位不因撒但犯罪時措手不及的神；一位不因亞當和夏娃選擇不服從而震驚的神；一位預先知道該隱會殺亞伯的神。一位準確地知道你下星期或明年會遇到甚麼事情的神；一位會讓你活在世上，直到你完成你應做的工作的神。

貝特這樣寫道：「就像馬丁路德重新發現惟信得救，『神是開放的』這觀點現在被重新發現了。」[9] 但這種觀點最好是留給索西奴主義者和詹姆斯之流。他們將很多人的信心毀壞得一塌糊塗。神沒有徹底的知識是對全能者錯誤的觀點。表面上，它可能符合福音派神學的範圍，但依據它的邏輯結論，它不單止是錯誤的觀點，更是「神論」上的異端。

神對我們個人的認識

詩篇一百三十九篇教導我們神全面而徹底的知識。雖然大衛最主要的重點是父神對我們現在的認識，他亦提到神的預知。如果有人說，我們將來的一些事情是全能者不知道的，我相信大衛會感到很憤慨。

神完全地認識我們

大衛開始時說：「耶和華啊，你已經鑒察我，認識我。我坐下，我起來，你都曉得；你從遠處知道我的意念。我行路，我躺臥，你都細察；你也深知我一切所行的。」(詩一三九1～3) 你記得你昨天坐下多少次，起來多少次嗎？我不記得。但神整個時間都在那裏。我能夠記得我昨天想過甚麼事嗎？不太清楚，且可以肯定也不會準確地記得。但神卻能全無瑕疵地知道每一個細節。而且，祂對昨天的事並不比二十年前的事知道得更多、更好。所有事情對祂來說都是現在的。

大衛將他的行為和思想化為他的言語：「耶和華啊，我舌頭上的話，你沒有一句不知道的。」(4節) 就算我不知道我將會說甚麼，就算我不知道下星期四下午我會想甚麼、說甚麼，但神知道。我未構思好的念頭和說話好像種子一樣，它們的果實是那位保守我心靈者所預知的。我將來的思想和行為都完全被知道。

「你在我前後環繞我，按手在我身上。」(5節) 大衛默想他持續地被神的知識包圍的事實。他可以睡覺、可以忘記神，但全能者永不會睡覺。其實，大衛是說：「你常常凝視著我。」一個囚犯訴說他日夜被監視的感受：無論他何時抬起頭，牢房外總有一對眼睛望著他。有人監視著我們的時候，我們會感到不安，因為我們不知道他有甚麼企圖。但當神望著我們的時候，我們可能會感到恐懼，或感到安慰。

如果你曾經被誤會、被誤解或被佔便宜，你可以安心知道神完全是知情的。或者我們被困到一角，認為世上沒有一個我們可以信賴的人，沒有一個真正明白我們的人，我們可以安心相信，神知道一切的事實。

難怪大衛繼續說：「這樣的知識奇妙，是我不能測的，至高，是我不能及的。」(6節) 我們不可能測度明白全能者所擁有的資料。我們只可以思量，卻不能夠理解。

神持續地認識我們

接著大衛思量怎樣逃避神：他想知道有沒有方法可以逃避神持續不斷的凝視，或者他因著神的凝視——彷彿宇宙中只有他一個人——而感到不安。

「我往哪裏去躲避你的靈？我往哪裏逃、躲避你的面？我若升到天上，你在那裏；我若在陰間下榻，你也在那裏。」(7～8節) 如果大衛到達天堂，神當然在那裏。如果他落到地獄，神也在那裏。真的，神也必須知道墳墓裏，甚至地獄裏發生的事。地上、天上沒有一處是神看不到我們的。

如果大衞跑到世界最遠的角落，或許他能逃過神的注視。「我若展開清晨的翅膀，飛到海極居住，就是在那裏，你的手必引導我；你的右手也必扶持我。」(9～10節) 舊約的先知約拿使我們驚訝。他對水手們説他在「躲避神的面」(拿一10) 。這是我們不能做到的，因為就算是海角天涯，神也在那裏。

還有最後一個的可能性。如果大衞藏在黑暗裏面，那會怎樣？「我若説：黑暗必定遮蔽我，我周圍的亮光必成為黑夜；黑暗也不能遮蔽我，使你不見，黑夜卻如白晝發亮。黑暗和光明，在你看都是一樣。」(11～12節) 盜賊在黑夜出動，希望能逃避人的注視。但對神來説，最黑的夜晚也像中午太陽一樣地光亮。神沒有這樣的限制和限度。我們所做的一切都在神完全徹底的知識強光照耀下。

神預知地認識我們

> 我的肺腑是你所造的；
> 我在母腹中，你已覆庇我。
> 我要稱謝你，因我受造，奇妙可畏；
> 你的作為奇妙，
> 這是我心深知道的。
> 我在暗中受造，
> 在地的深處被聯絡；
> 那時，我的形體並不向你隱藏。
> 我未成形的體質，你的眼早已看見了；

你所定的日子，我尚未度一日，
你都寫在你的冊上了。

(詩一三九13～16)

在未有神經病學和遺傳基因密碼被解拆之前，大衛已經明白他是一件超凡奇迹的製成品。我們現在稱為胎兒的，大衛稱之為未出世的嬰兒。在我們出生之前，神已經認識我們，我們是照祂的旨意和目的形成。

我有一位朋友是在一個沒有父親、酗酒的家庭裏成長的。他從大衛的說話中找到安慰。能夠知道神令他在母親體內形成這個事實，使他得著無限的安慰。或許他在地上的父親沒有摸過他，但他在天上的父卻觸摸了他。

「你所定的日子，我尚未度一日，你都寫在你的冊上了。」(16節) 我們需要再問：他出生前的日子怎可以被定了呢？除非神無誤地知道將來。神不可能知道我們的日子有多少，除非祂預先知道我們和其他人的決定。大衛知道神奇妙地計劃了他的生命。

巴刻在《認識神》(*Knowing God*) 中，說到神對我們完全的認識所帶來的喜樂和敬畏：

祂將我銘刻在祂掌上，永不遺忘我。我對祂所有的認識，都倚靠在祂主動對我不斷的認識。我認識祂，全因祂先認識我，並且持續地明白我。祂將我當作深交的朋友，愛護我、時刻看顧我、分秒關懷我；因此祂的保守永不落空。

> 這是重要的了解。知道神常常在愛中明白我、照顧我的利益，令我有說不盡的安逸，一種可以說是生機勃勃的、不是死氣沉沉的安逸。最大的寬慰是知道祂由衷的愛——這是因為祂已經知道我的每一個缺點，因此現在任何新發現也不可能使祂好像我對自己一樣地失望，或者令祂要祝福我的決心熄滅。[10]

「神啊，你的意念向我何等寶貴！其數何等眾多！我若數點，比海沙更多；我睡醒的時候，仍和你同在。」(17～18節) 神對大衛的思念是多麼寶貴的，以至大衛每個早晨都想著它們。神對他無微不至的關心和認識，是喜樂和盼望的來源。

大衛再將他的思想轉到壞人身上。他祈求神會審判他們。「神啊，你必要殺戮惡人；所以，你們好流人血的，離開我去吧！」(19節) 我們對這些說話感到驚奇，但我們要記得，大衛提到的是要殺他的人。「耶和華啊，恨惡你的，我豈不恨惡他們嗎？攻擊你的，我豈不憎嫌他們嗎？」(21節) 大衛在這裏所用的「**憎嫌**」這個詞就像我們所說的「**拒絕**」。大衛不想和那些恨惡神的人有任何來往。他拒絕他們，宣告如果他們是神的敵人，他們也是他的敵人。

大衛不單止知道神完全認識他，也認識那些壞人。神會審判他們。當審判發生時，祂不會看漏任何事實。他們沒有機會扭曲他們的故事，或偽造事實。

但大衛亦聰明地知道，神知道所有的事，而自己卻沒有對這些啟示作出個人回應的話，他是不會滿足的。他可以談論神知道一切事實，他也可以談論神知道壞人的事，但探射燈一定要照進大衛自己的靈魂裏。

個人的回應

這篇詩開始時，大衛說神對他的認識，是一個確定了的事實。鑒察已經開始了。他繼續說：「神啊，求你鑒察我，知道我的心思，試煉我，知道我的意念，看在我裏面有甚麼惡行沒有，引導我走永生的道路。」(23～24節) 他實在是說：「神啊，你已經鑒察過我，請你讓我知道你發現了甚麼。」這是一個很勇敢的禱告。我們不想看見神所看見的。但這種經驗是醫治和得益的途徑。

我們愈是誠實，我們就愈會承認我們看不清楚我們心裏的謊話。我們太過盲目，在靈命中太過虛偽：面對我們內心的罪的時候，我們屢次欺騙自己。我們看不到我們內心很多的東西，除非神將它們顯示給我們看。我在某處聽過一個女士的故事。她對她的牧師說：「我懇求神將我生命中一些錯處顯示給我，但我全無頭緒。」

他回答說：「跪下來猜猜吧！」是的，很多時候我們是知道我們內心有甚麼令上帝不滿的。其他時候，我們要像大衛一樣地禱告：「鑒察我……知道我的心思。」

鑒察之後是試煉。「試煉我，知道我的意念。」(23節) 可能，大衛所說的是他感受到的焦慮，因為壞人在恐嚇他。他希望像金屬受火煉般的被試煉。他也想知道他內心是否有一些冒犯神的態度。可能大衛想到某一件特別的罪，或者他沒有。無論如何，他想見到自己的罪。

鑒察帶來的是試煉；試煉帶來的是引導：「引導我走永生的道路」(24節)。我們祈求引導；不會祈求鑒察和試煉。然而，這裏或者有一個重要的次序。引導只會從一個在神面前開放的心而來。

我們願意這樣禱告嗎？

真的，神知道我們願意或不願意，但祂的知識並不赦免我們的責任。祂完全徹底的知識會將我們拉近祂，不是遠離祂。讓我們與彼得一起說：「主啊！你是無所不知的；你知道我愛你。」(約二十一17) 因為「並且被造的沒有一樣在祂面前不顯然的；原來萬物在那與我們有關係的主眼前，都是赤露敞開的」(來四13)。

註：

1. William James語，轉引自Robert Morey, *Battle of the Gods* (Southbridge, Mass.: Crown Publications, 1989), p.77。
2. Basinger and Basinger, eds., *Predestination and Free Will*, pp.97~98.
3. Gregory Boyd, *Letters from a Skeptic* (Wheaton: Victor Books, 1994), p.30.
4. Richard Rice, *The Openness of God* (Nashville, Tenn.: Review and Herald, 1979), pp.36~37.
5. *Predestination and Free Will*, p.96.
6. John Piper, "Why the Glory of God is at Stake in the 'Foreknowledge' Debate"，載於*Modern Reformation*, September/October 1999), 43。
7. Piper, "Why the Glory of God is at Stake in the 'Foreknowledge' Debate", 42.
8. Greg Boyd, *God at War: The Bible and Spiritual Conflict* (Downers Grove, Ill.: InterVarsity Press, 1997), p.58.

9. Greg Boyd語，轉引自Rebecca J. Ritzel, "Marketing Heresy?"，載於*World Magazine*, 20 November 1999, 27。

10. J. I. Packer, *Knowing God* (Downers Grove, Ill.: InterVarsity Press, 1973), p.37.

思考問題

查明謊言

一、「今日的福音派神學家在辯論，神是否有無限的知識。一些人堅持神的知識是有限的：祂比我們知得多，但祂在我們作出決定之前，不知道我們會怎樣決定。」

1. 你認為這種辯論重要嗎？為甚麼？
2. 知道神的知識有限會令你感到安慰還是惶恐？請解釋。

二、思考一些神學家想限制神的知識的兩個原因：

- **他們認為，為了保存人類的自由，這種限制是必須的。**
- **他們想保護神，使祂不被指控為製造邪惡。**

1. 這些人為甚麼認為限制神的知識，是惟一可以保存人類的自由的方法？
2. 限制神的知識可以怎樣保護神，使祂不被指控為製造邪惡？
3. 你個人對這些結論有甚麼回應？為甚麼？

三、「神的知識一旦被妥協的話，其他所有事情——特別是我們對神的信靠——也會被危及。最終，我們會看到，神無盡的知識會嚇怕我們，但感謝神，這也會令我們疲倦的靈魂安枕無憂。」

1. 為甚麼把神的知識妥協會危及我們對神的信靠？
2. 我們怎樣才可以令我們疲倦的靈魂在神的全知中安枕無憂？

3. 祂無限的知識可以怎樣安慰我們？

四、思想「開放的神」這種教導的四個難處：

- **它與聖經相違**
- **它危及預言的準確性**
- **它磨滅我們對神的全能的信心**
- **它逐漸損壞我們對神的信靠**

1. 哪些經節駁斥「開放的神」？
2. 這種不正常的神學觀點，怎樣危及預言的準確性？
3. 這種不正常的神學觀點，怎樣磨滅我們對神的全能的信心？
4. 這種不正常的神學觀點，怎樣逐漸損壞我們對神的信靠？
5. 相信神的全知怎樣會尊崇聖經、維護預言、鼓勵對神的全能的信心、建立我們對神的信靠？

五、「你可以信靠一個不知道你早上還生存，晚上就死掉的神嗎？因為祂只能盡力回應一些不能預知的、撒但和人作的決定，『開放式』的神觀不是令我們覺得祂很可憐嗎？」

1. 你會怎樣回答上面的問題？
2. 你對「開放的神」這種神學思想有甚麼意見？為甚麼？

六、詩篇一百三十九篇教導我們最少三種關於神完全徹底的知識：

- **祂完全地認識我們**
- **祂持續地認識我們**
- **祂預知地認識我們**

1. 神怎樣完全地認識我們？

2. 神怎樣持續地認識我們？

3. 神怎樣預知地認識我們？

4. 這種完全徹底的知識令你感到惶恐還是安慰？請解釋。

找出真理

一、讀以賽亞書四十六章5至10，四十一章21至24節。

1. 這兩段經文怎樣描繪假神(偶像)？

____

____

2. 這兩段經文怎樣描繪真神？

____

____

3. 神建議用甚麼方法證實哪一位神是真的？

____

____

二、讀使徒行傳四章27至28節，二章22至24節。

1. 這兩段經文怎樣描繪基督的死？這件事情的發生有多實在？

____

____

2. 這件事情怎樣倚靠神的預知和旨意？

三、讀馬太福音二十六章53至54節。

1. 耶穌怎樣將祂生命中特別的事件連接在聖經的預言上？這些預言怎樣倚靠神的預知？

2.「事情必須如此」這一句說話有甚麼重要性？

四、讀路加福音二十二章34節、54至62節；約翰福音十三章19節，六章64節。

1. 耶穌對彼得的預言怎樣倚靠神的預知？

2. 為甚麼耶穌告訴門徒將會發生的事（約十三19）？

3. 耶穌對猶大的判罪怎樣倚靠神的預知？

五、讀創世記六章6節；撒母耳記上十五章11節；撒母耳記下二十四章16節。

1. 這幾段經文是否要求神不知道將來的事情？請解釋。

2. 神怎能同時「後悔」發生了的事情，而同時不希望祂作了不同的事情？

六、讀詩篇一百三十九篇。

1. 你從這篇詩中學習到神的預知是怎樣的？

2. 這篇詩激起的是對神的信心還是焦慮？請解釋。

謊言八

人的墮落破壞了神的計劃

我們都同意，罪破壞了天堂。但它是否破壞了神永恆的計劃？

神是否真的預期或希望亞當和夏娃會遵守祂的命令，以至會快樂地生活？還是整個罪和救贖的計劃在漂亮的禁果吸引夏娃之前，已經早存在於神的心中？

很多人認為：神有A計劃，就是祂所有的被造物都會生活在服從和喜樂中。但這些被造物卻利用他們的自由意志；一部分天使和後來所有的人類墮入罪和它醜陋的惡果中。神的反應就是進行B計劃：以基督的身分進入世界，盡祂所能救贖人們。感謝神，我們被邀請參加這個B計劃。當然，我們也鼓勵別人參加。

簡單地說，這個景象表明了人類在伊甸園的墮落破壞了神的計劃。面對咒詛的真實性，基督到來清理這盤爛攤子。神不是主動的，而只是對罪留下的毀壞**作出反應**。就像一個畫家發覺他的對頭潑了一些擦不掉的油墨在他的畫布上，他有創意地將這些斑點包括在他的圖畫內；神也只能盡力補救反叛祂的被造物交給祂的爛攤子。

我相信，這樣理解聖經故事是錯誤的。我們絕對有理由證明撒但和亞當的墮落是A計劃。歷史和救贖的計劃常常都在神的意思中；祂創造是為了要救贖；祂救贖是為了更能顯出祂的榮光。是的，現在的世界和它所有的罪和痛苦，都是A計劃。

我可以聽到一大羣反對的聲音：「撒但、亞當和夏娃不是有自由意志的嗎？」「神創造的都是機械人、木偶嗎？他們是否只可以無知地盲從神的藍圖？」或者好像一個愛開玩笑的人說：「你是不是說夏娃不是自己墮落，而是被人**推落**的？」

「這些對神有甚麼關係？世界的苦難、戰爭、虐待兒童、滅族屠殺，都是祂的旨意嗎？我們可以信靠一個千選萬選卻選擇這些事情的神嗎？祂不是有更好的選擇嗎？」

另一些人會問：「如果這是A計劃，這是不是說我們應該消極地接受這個世界和它的邪惡；因為無論怎樣，這都是神的旨意？如果我們與環境時勢對抗，我們是否在對抗神？」

我同意，很難對那些兒女在哥倫拜中學被殺的父母說，這是A計劃。這個世界顯然已經脫了節；每個人都會同意事情不如理想。但我們會看到，只有將這些邪惡的事放進神永恆的計劃中，我們才可以有希望明白苦難是有意義的。

法國作家伏爾泰（Voltaire）寫了一本小說《甘蝶》（*Candide*）。在這本諷刺作品中，女主角甘蝶遇到一個又一個悲劇。她一次又一次地安慰自己說：「世界可能發生的事之中，這是最好的了。」伏爾泰會覺得這點很明顯：這個世界的邪惡沒有救贖價值。他認為神這個計劃是絕不能接受的。

當我們面對這麼深遠重要的問題時，我們不應該未把聖經內有關神的個性和祂的目的之資料深思熟慮，就作出個人的判斷。在上一章，我嘗試解釋神的全知和它的含義。當我們明白全知怎樣與全能和智慧結合的時候，我們不能相信事情會從神的意念中轉壞。真的，世界上有很多恐怖邪惡的事；但神不喜歡看到人類受苦，而祂永恆的計劃仍照原定的進行。在永恆的角度看，這就是A計劃。

在我們回答那些反對者之前，讓我們默想神和祂的自我啟示。我們會簡略地探討祂的意念，嘗試明白祂說過關於祂永恆計劃的話語。請你和我一起，涉足這些深得我們實在不能觸及水底的神學深海。當我們浮出水面時，我希望我們能前所未有地敬拜神、前所未有地看到祂、前所未有地信靠祂。

我們在這裏與神的偉大，和環繞祂旨意的奧祕面對面相遇。我們會知道神學的終點是讚美。如果我們探查神的心意，我們最終會被帶向讚美祂。因此讓我們回到聖經中，證實所有恐怖的罪也沒有破壞神永恆的計劃。

神永恆的目的

如果你能夠的話，請你嘗試想像一個除了神之外，沒有其他東西存在的情境：沒有星星、沒有天使、沒有世界、沒有空氣、沒有生物。只有神存在於榮耀和壯麗之中。

我們曾經強調過，神並沒有選擇祂的屬性：聖潔、能力和憐憫都曾經是祂的一部分，現在也是祂的一部分。如果祂是有虐待狂的，而不是善良仁慈的，我們也只能接受這樣的一位神。我們沒有權利以我們的條件將祂重新下定義。感謝神，祂是慈愛的，所以在永恆中，三一真神的成員互相是有團契的。神是豐足的，不需要任何在祂以外的東西來滿足祂的樂趣和存在。保羅說：「創造宇宙和其中萬物的神，既是天地的主，就不住人手所造的殿，也不用人手服事，好像缺少甚麼；自己倒將生命、氣息、萬物，賜給萬人。」(徒十七24～25)

如果你問，神選擇創造之前，存在了多久；或者你問，在那期間內，神做了些甚麼事，偉大的神學家加爾文說，祂在預備地獄給問這些問題的人！當然，這只是說笑吧了。但我們根本就不知道這些答案，因為神覺得無必要向我們啟示這些事。有些事，我們知道；有些事，我們不知道。

那麼神為甚麼要創造宇宙？或者愛德華茲有最好的解釋：為了「祂滿溢的榮光」。祂渴望啟示自己。祂創造了數以千億的恆星和行星，這些星星照祂的吩咐發放出神的榮光和能量。

這種思想將我們帶到奧祕的邊緣：當神說萬物都要有的時候，祂沒有用到任何預先存在的物質。試想像去到一個實驗室以虛無創造出一顆原子！這是完全在我們能力範圍之外的，因為邏輯證明了，沒有東西可以從虛無中產生出來。這對我們來說是正確的；但對神來說，這並不正確。祂可以將「無」製成「有」。

從虛無中創造出只是單一件東西也需要全能，並只有全能者才能做得到。而神卻無須用力就創造了一切：「諸天藉耶和華的命而造；萬象藉他口中的氣而成。」(詩三十三6)

當然，神抑制了祂自己。祂大可以創造一千顆行星環繞太陽，而不只是這幾顆。祂大可以多創造幾萬億星球照耀夜空。如果在其他行星創造人類會令祂高興的話，祂也大可以這樣做。這完全是祂的選擇。「我們的主，我們的神，你是配得榮耀、尊貴、權柄的；因為你創造了萬物，並且萬物是因你的旨意被創造而有的。」(啟四11)

神創造了撒但嗎？是吧，但不是現在那樣的撒但。祂確實創造了後來變成撒但的天使；祂創造了後來變成魔鬼的天使。除非因著神主權的選擇和喜好，牠們不能夠在以前或者在現今存在。

不過，如果我們問，神永恆的目的是甚麼？祂希望祂的被造物完成甚麼目標？聖經對這問題回答了數十次。神所想做的事就像一條鏈子，創造就是鏈子的第一個環，而這條鏈子最後的一環永遠是神的榮耀。

琵巴歡喜指出，神是從不間斷地自奉的。每一件事物的存在都是要榮耀祂。這並不表示祂是自私的，如按常照字面的意思來說。祂必須將自己放在首位，因為我們期望祂會尊崇最有價值的人物，這個就是祂自己。當我們這些人類自我崇拜的時候，我們是將重點放在一些價值較低的人物上：然而被造物永遠比不上創造者那麼有價值。神惟一的選擇就是把祂的榮耀放在一切之上。[1]

聖經也支持這點真理。神宣告說：

我要對北方說，交出來！

對南方說，不要拘留！

將我的眾子從遠方帶來，

將我的眾女從地極領回，

就是凡稱為我名下的人，

是我為自己的榮耀創造的，

是我所作成，所造作的。

(賽四十三6～7)

你的居民都成為義人，

永遠得地為業；

是我種的栽子，我手的工作，

使我得榮耀。

(賽六十21)

耶和華說：「腰帶怎樣緊貼人腰，照樣，我也使以色列全家和猶大全家緊貼我，好叫他們屬我為子民，**使我得名聲，得頌讚，得榮耀**；他們卻不肯聽。」

(耶十三11節)

然而，他因自己的名拯救他們，

為要彰顯他的大能，

那時，他們才信了他的話，

歌唱讚美他。

(詩一○六8、12)

他們要受刑罰，就是永遠沉淪，離開主的面和他權能的榮光。**這正是主降臨、要在他聖徒的身上得榮耀、又在一切信的人身上顯為希奇的那日子**。我們對你們作的見證，你們也信了。

(帖後一9～10)

這是強調所有事物都是為神的榮耀而被創造的其中幾段經文。如果你對神為甚麼要創造仍有懷疑，請你細想這些說話：「因為萬有都是靠他造的，無論是天上的、地上的；能看見的、不能看見的；或是有位的、主治的、執政的、掌權的；一概都是藉著他造的，又是為他造的。」(西一16) 沒有東西被遺漏，所有東西都是**由**祂、**為**祂而創造的。讓我重複再說一次，**由**祂和**為**祂！**這個世界是為基督而造的**。

神懷著這個最終的目標創造天使和整個宇宙，包括在伊甸園的亞當和夏娃。要完成這最終的目標，祂有一大堆較小一點的目標，但都是互相關連、引致那最終的目標的。讓我舉一個例子。當我上高中的時候，我念化學。為了一定要在這一科合格，所以我努力學習，考得好成績。但這個目的只是高中畢業這個大目的之一部分。這個目的引向另一個更大的目的，就是要進神學院。這個目的也只不過是為了引導我到最終的目的：就是要成為一個傳道人和聖經導師。這個目的領我到一個更重要的目的：要看到福音改變人生命的力量。

同樣，神所有的目的都連結成一個系統：一件事情為另一件事情發生。世界的創造帶出亞當和夏娃的創造；他們的孩子的出生，帶出其他的目的；歷史一直以來就是這樣。至於天使，神創造他們是為了達致另一些目的。這全部都是為了榮耀神。

我們的心意很多時候會因為缺乏知識而遭挫敗。你可能想在回家途中買一束鮮花給你的太太，但當你到了店子的時候卻發覺它已關了門。或者，令你很驚奇的是，你以為是在你錢包中的五十元，原來已被你十多歲的孩子拿了，而他忘了告訴你，在你洗澡的時候，他趕著要拿這五十元去支付他學校的書費。

有一天，我到醫院探訪一個朋友，不知道他原來已經去世了。我的「預知」其實完全不是預知。另外一次，我和太太計劃海上旅行，卻發覺行程因為輪船需要緊急維修而被取消了。我的計劃常常因為我知道的不夠而要不斷更改。

但神並沒有這種偶然性。「這話是從創世以來顯明這事的主說的。」(徒十五18)

讓我們小心思想這點。首先，神是**全能**的，也是說，祂是大有能力的。除了違犯祂本性的事之外，沒有事是祂不能作的。祂甚至能創造一些完全服從祂的被造物。真的，祂可以創造一大班像好的天使一樣會完成祂命令的被造物。或者，祂可以把我們造得如我們將來在天堂那樣完美無瑕的、沒有意慾或能力去犯罪的。這些和其他一切的選擇都是隨祂所願的。

第二，神是**全知**的。沒有任何事可以令祂吃驚。當祂創造露西弗時，神知道牠會犯罪；當祂創造亞當時，神知道他會墮落。沒有一件新事物的發生是神不預知的，沒有一個被造物所選擇的事是祂不知道的。「耶和華用能力創造大地，用智慧建立世界，用聰明鋪張穹蒼。」(耶十12) 神的全能和全知是連結在一起的。

我們知道，全知的意思是所有事情都是預知的。由於神的知識不會出錯，祂知道將來的事會照祂所看到的一樣地發生。明白祂所知的，神大可以選擇創造一個完全不同的世界：一個沒有撒但的世界；一個人類常常心願作好事的世界。祂能夠有的選擇，遠超乎我們所能想像的。

第三，神是**無處不在**的；祂充滿整個宇宙。這也是說，沒有地方是神不存在的。沒有事情可以在祂背後發生；沒有陰謀可以在一個不准祂進入的、煙霧霾漫的房子裏暗中進行。在太空最遠的地方，神也在那裏。「耶和華說：『人豈能在隱密處藏身，使我看不見他呢？』耶和華說：『我豈不充滿天地嗎？』」(耶二十三24)

要留意，祂的屬性常常都在聖經中連結在一起，耶利米將神的全能和智慧連在一起：「耶和華用能力創造大地，用智慧建立世界，用聰明鋪張穹蒼。」(耶十12) 同樣，祂的無處不在和祂的全知也連結在一起。當神行動時，祂所有的屬性都和諧地一起行動；沒有一種屬性會獨自行動，或貶低其他的屬性。

是時候問一個個人的問題了：你認為這麼一個有能力的，有知識和智慧的神可會造出一個與祂的意願相反的世界嗎？我認為不可以。約伯說得對：「我知道，你萬事都能做；你的旨意不能攔阻。」(伯四十二2) 甚至自由意志也不能攔阻神最終的目的。神的力量、知識和智慧是無限的。

聽聽雅歷山 (Charles Alexander) 的字句：

> 如果神不是那麼全能，或說，如果祂容許邪惡在沒有預先得到祂的命令和准許，又不在祂的旨意之中，在祂創造的國度中蔓延，那麼祂就不是神，也不能夠成為神。如果一定要有邪惡的話，讓我

們掌握在神的手中，而不是隨命運搬弄，因為如果邪惡是來自神的命令之外，而不是來自神的意願的話，那麼除了神之外，必然有另一個神。[2]

創造是聯系神的目的之第一個重要的環。但早在創造之前，基督的死、祂的子民的救贖、基督戰勝邪惡，早已在神的心意裏。在永恆的計劃裏，創造是那外部的工作。

神永恆的救恩

保羅說明了創造和救恩的關係：「就如神從創立世界以前，在基督裏揀選了我們，使我們在祂面前成為聖潔，無有瑕疵。」(弗一4) 保羅所說的是世界的創造，但他的意思是說地球誕生之前有很多事是已經發生了的。在世界轉出來之前，在亞當和夏娃在伊甸園的樹下散步之前，救恩的計劃已經在神的心意之中。就在那時，祂已經揀選了一班人，叫他們成為聖潔無瑕的。我們不可以將創造和救恩分開思想；這兩件事從開始時已在神的心意之中連結在一起。「這個世界是為髑髏地而造的；當神創造這個世界時，祂的心意就是為它而死。治療早就在疾病之前開始了。」[3]

我認識一位牧師，他相信神對亞當和夏娃有很大的期望，但他們令神失望。所以，神要轉向B計劃。這個人在一篇題目為「神是賭徒」的講章中說道，神在人類身上下了賭注，賭他們會事奉祂。但當祂賭輸了後，祂像其他賭徒所做的一樣：加重注，賭祂的獨生兒子。這個牧師更將約翰福音三章16節改成：「神愛世人，甚至將祂的獨生子**押在賭桌上**。」

在這個牧師心中（如果我們還敢這樣稱呼他的話），沒有甚麼保證可言。神不肯定在基督為罪人受死後，會否有人相信祂。畢竟，因為自由意志，一個不難想像到的情形是：沒有人會相信基督。神本可在這場賭博上輸得精光！依據這種情境，基督的死只不過是神在回應一個祂希望不會出現的緊急情形。我們可以感謝神，祂選擇了清理這爛攤子，但祂輸了這場遊戲。祂的計劃沒有任何肯定性。但因為神是慈愛的，我們可以期望祂會盡祂所能幫助我們。

多麼有辱身分！

不必說，基督的十字架是在永恆中早已被計劃好的。雖然我在這本書已經引用過這段經文，但我要在這裏重複引用。彼得在使徒行傳裏說：「他既按著神的**定旨先見**被交與人，你們就藉著無法之人的手，把他釘在十字架上，殺了。」(徒二23) 他又說：「希律和本丟彼拉多，外邦人和以色列民，果然在這城裏聚集，要攻打你所膏的聖僕耶穌，**成就你手和你意旨所預定必有的事**。」(徒四27～28)

神在永恆中遙遠的時代，已經計劃了十字架，因為祂在創造我們之前已經計劃了我們的救恩。「神救了我們，以聖召召我們，不是按我們的行為，乃是按他的旨意和恩典；這恩典是**萬古之先**，在基督耶穌裏賜給我們的。」(提後一9) 希臘文的字義是說：恩典在「永恆的時間之前」已經賜給了我們！

或者，最清楚表明神創造是為了拯救的經文是在以弗所書。保羅在這書信裏說，他被呼召向外邦人傳揚基督那測不透的豐富，在歷代以來，是「隱藏在創造萬物之神裏的奧祕是如何安排的；為要藉著教會使天上執政的、掌權的，現在得知神百般的智慧。這是**照神從萬世以前，在我們主基督耶穌裏所定的旨意**」(弗三9～11)。

不要看漏了連接點：創造萬物的神計劃了用教會表明祂的智慧，這就是祂的「永恆的目的」！怪不得我們不能將創造和救恩分開。神的第一個目的是救贖，而創造是完成它必須的一步。如果沒有創造，就沒有被拯救的被造物來展示祂的榮光；如果沒有教會，祂救恩中多方面的智慧也不能展現出來。世界是「**由**祂和**為**祂」而造的！

我們雖然對神沒有起源的事實而在內心裏掙扎，但因為祂存在了多久就認識那被救贖的人多久，我們就因此感到歡欣。在數不清的年代裏，祂一直知道祂會將恩典賜給我們。換句話說，如果你是得救的，一直都沒有一點時間是神不愛你的，沒有一點時間你不是神特定的旨意之對象。這是為何約翰可以說，我們的名字「從創世以來」也被記在羔羊之生命冊上(啟十三8)。

可以理解的是，當我們說到神永恆的揀選、旨意和計劃的時候，我們的內心會掙扎。重要的乃是，我們了解到，在髑髏地豎起十字架之前很遠的時間，神的心中早已有了一個十字架。神從沒有讓祂的宇宙聽憑自然；祂沒有賭運氣。

親愛的讀者，如果你以為你可能被丟棄在神的計劃之外；如果你懷疑你是否神所揀選的一分子，是神在永恆中預知的，讓我鼓勵你：你可以知道神有沒有在永恆中將恩典賜給你的。你只要憑著信心來到基督面前接受祂；為你永恆的救恩將你的信靠都放在祂身上。祂曾答應接納你；

你渴望屬於祂的心是一個好原因去相信祂已經將你拉近祂自己（約一12）。

雖然，在時間上創造比救恩先發生，救恩在神的心裏面才是最重要的：創造是為救恩先作準備；為著展示那永恆的旨意它是必須的一環。而以下論到鏈子的第三環，將會使神的目的更清晰。

神將來的成就

我們曾經強調過，神創造萬物是為了祂的榮耀。現在我們談到這一切的目的「都是照他自己所預定的美意，叫我們知道他旨意的奧祕，要照所安排的，在日期滿足的時候，使天上、地上、一切所有的都在基督裏面同歸於一。」（弗一9～10）

保羅所指的「在日期滿足的時候」是當地球所有的世代都成為過去的時候。歷史學家談及的有許多不同的時代：史前時代、黑暗時代、中古時代、甚至寶瓶座時代。一個目的會和另一個目的混合在一起，直至神的旨意完全成就了。當一切都成為過去的時候，萬物都會在基督的權柄下連合——不是佛祖，不是穆罕默德，而是基督。

任憑它們自己發展的話，大多數事情都會分裂，卻不會聚合。在我們自然的觀察中，可以看到分裂是事物的其中一種性質；大自然傾向於隨機和不規則的。有人告訴我們，宇宙仍是在擴張中。神將會終止這種分裂，並且將一切都帶到基督的旗幟底下。地球上沒有東西是不受約束的，沒有東西是不受控制的，沒有東西是留給隨機的力量或偶然的。神支配全局。祂的旨意之準確性會令我們歡欣。

有一個故事說一個人參觀地毯工廠。站在地面向上觀看，他可以看到高處一張在織造中的大地毯的底部。毛線都纏結在一起，不同顏色的線不規則地交加著。但當他爬上一道梯子，看到毯子頂部的時候，他因著地毯動人的設計和有規則的條紋而驚奇。它漂亮的顏色和精細的手藝吸引了他的注意力。

我們只看到生命的底部。我們堅持事情必定出錯了；有一些事已經難以控制；織造者沒有可能在這個世界無意義的邪惡中找到一個設計。我們想，這遍地上的苦難是無意義的，但在我們看不到的那一面美麗的圖案，是神的愛子的畫像。祂的計劃正如期進行。

關於神的大計的問題

那麼伊甸園是否為兩個稱為亞當和夏娃的木偶而設立的舞台？如果一切都是神的計劃，露西弗又有甚麼可以選擇的呢？如果一切都依足神的計劃發生的話，滅族屠殺可以避免嗎？我們可以信靠一個願意邪惡是祂預定成全的事的一部分的神嗎？這些問題都需要答案。

自由意志的問題

有一個故事說，一班神學家在討論預定論和自由意志的教義。當討論變得激烈的時候，參加者分成兩派。有一個不能決定加入那一派的人，溜到「預定論」的那一堆人中。當他被問為甚麼到他們那邊時，他回答說：「我來這邊是出於我自己的自由意志的。」

「自由意志？你不屬於這邊！」預定論者大聲喝道。

因此，他只好去到「自由意志」的那一組。當別人問他為甚麼要換位，他回答說：「我是被差遣來的。」

他們怒道：「你滾吧！除非你是運用你的自由意志而來的，你不可以加入我們這組！」那個困惑不解的人於是被遭到冷落。

神的旨意和人的意志兩者的關係已經被討論了十多個世紀。我不佯裝我可以在短短的篇幅中解開這個奧祕。實在的，很多神學家對「自由意志」這個詞，都各有不同的理解。在這短短的篇幅中，我只可以指出這個討論應該向哪一個方向進行。

神創造我們，給我們有意志根據我們的愛好、慾望和知識去行事；我們並不知道神的命令。如果你問彼拉多，為甚麼他准許基督被釘死，他沒有可能會說：「因為神說服了我，這是我應該做的。」他是依照自己的慾望行事。不過，正如我們已經看過，彼得指出彼拉多和其他同謀者所做的都是依照神所預定的發生。「成就你手和你意旨所預定必有的事。」(徒四28)

神安排整個宇宙，好叫我們的慾望與祂的旨意是一致的。有趣味的是，聖經並不覺得人的責任和神的保守和引導有任何的矛盾。聖經教導基督的死是神預定的旨意，也同時稱作出這種行為的人殘忍，他們是要為他們的行為負責的(徒二23)。

或者，在這樣的情況下，我能夠做的就只是說：任何否定神管治在地球上一切居民的自由意志觀，都是不合乎聖經教導的；任何將我們變成木偶的預定論也同樣不合乎聖經的教導。聖經表明我們的愛好、慾望和選擇與神的旨意和計劃是一致的。這些都聚合在一起來完成神的旨意。神做的，是令事情得以確定；我們要做的，是要負責任地行事。這個問題在我的另一本書內有更詳盡的討論。[4]

神的旨意的問題

我們怎可以說邪惡是「神的旨意」？邪惡不是很明顯地和神的旨意是**相互矛盾**的嗎？這個敗壞的世界怎可能是A計劃？在亞美尼亞、高索科和盧旺達可怕的苦難是神的旨意嗎？

我們必須分辨神啟示了的旨意(那並不是在世上進行的)和祂隱藏著的旨意。這個世界的邪惡，的確違背了神所啟示了關於人類生命的價值、善良的必須性和純潔道德的重要性。神已啟示了祂的律法，但地球上的人卻經常犯這些法律。有幾段經文詳細列出神對基督徒的旨意(羅十二2；帖前四3，五18)。但是，正如馬丁路德指出，神隱藏了的旨意也是常常被執行的。這種隱密的旨意不是我們可以質問的，而是又一個原因要我們敬畏神。

我們可以在聖經很多經節中，找到關於神這種覆蓋著的和隱密的旨意的證據。神命令亞伯拉罕將以撒獻作燔祭，但全能者亦有一個祕密計劃要這個孩子活下去(創二十二章)。神命令摩西告訴法老王，要他准許以色列民離去，但神暗中計劃令法老王心硬，以致他不會服從摩西(出四21)。或者這種隱藏著的旨意最明顯的證據是在羅馬書九章。我鼓勵你小心閱讀和仔細思想這一章的經文。當羅馬的信徒以為神的旨意失敗了的時候，保羅向他們再三保證全能者永恆的目的會依計完成。那是陶匠「要憐憫誰就憐憫誰，要叫誰剛硬就叫誰剛硬」(18節)。也是那陶匠用「他的憤怒……將他豐盛的榮耀彰顯在那蒙憐憫早預備得榮耀的器皿上」(22～23節)。

我曾經讀過一個說明神祕密的旨意是怎樣成就的故事。假設有一個貴族，他的莊園滿是樹木。他愛他的樹，甚至給它們起名字，盡心保護它們。不幸，他有一個敵人，想盡一切方法傷害他。在一個黑夜裏，那個壞蛋爬過圍牆，砍下了一棵他認為是那貴族最心愛的樹。不幸地，他因為太激動而跑錯方向，樹跌在他身上，將他壓在地上。

天發白後，那個壞蛋看到那貴族和另一個人走近他。他知道他一定會被捕；但他想到能夠砍了那貴族最心愛的樹而感到十分高興。他用微弱的聲音說：「我毀了你最心愛的樹。」

貴族望著那個可憐的人，說：「我身邊這位是一個建築商。我知道我需要砍一棵樹來建造我的夏天別墅。我正要向他指出砍哪一棵樹。多謝你為我做了這件事。」(當然，那個壞蛋得到應得的懲罰，雖然整件事也漂亮地吻合了那貴族的計劃。)

神啟示了的旨意是否常常都行在地上？不，邪惡的人都在做恐怖的事；羞辱全能者。但無論邪惡的人做甚麼，都會將神永恆的計劃向前推行。結果正如雅歷山寫的：「邪惡將會被看成為天意的奴隸，推出一種從未見過的、更高、更大的美善，好像邪惡未曾出現過一般。」[5] 這正是保羅所說，我們「是那位隨己意行、做萬事的，照著他旨意所預定的」(弗一11) 的意思。因此，受造物的反叛其實不斷在促進創造者的旨意和目的。

衝突的問題

如果世界是隨著神的計劃運作的話，這是不是說，因為所有事情都是照神的旨意發生，我們就要被動地接受邪惡呢？不，我們不是被動的，因為我們相信，神啟示了的旨意是我們無論何時都應該抵抗邪惡。正如我們已知道關於自然災難的問題一樣，**我們遇到邪惡，是為了藉著戰勝邪惡而榮耀神**。當我們與世界、肉體和撒但作戰，我們就是在尊重神。

伏爾泰很輕易可以寫一本關於「世界可能有最好的事」的諷刺小說。很明顯那並不是這樣子的；遍地都是不公義和殘忍。不過從神的觀點看，現在進行的是所有**計劃**中最好的。蒙沙伯 (J. Monsabre) 寫道：「如果神將祂的全能交給我使用二十四小時，你會看到我將會在世界作出許多的改變；但如果祂也將祂的智慧交給我的話，**我會將事情全部保持原狀**。」[6] 說得真好。

這個並不是最理想的星球。但在永恆的觀點看，這是最理想的建築師所選擇之最理想的藍圖。想想看，一個好的、全能的神會可能選擇次好的嗎？這個是A計劃並不代表神喜歡這星球上的不公義和苦難。我們也不應該喜歡。是的，A計劃包括了邪惡，但它亦包括了戰鬥邪惡的永恆勝利。它包括了永恆，不單只是時間。

一個例子或可以幫助我們明白。痛苦的心臟手術是否人所能選擇的最好的經歷？我一個剛剛完成這樣的手術、受到極大痛苦的朋友會大聲說：「**不**！」然而，如果我們看長遠一點，答案會是**肯定的**，因為手術使他更長壽、更健康。

基督徒應該走在前面，為終止種族歧視、為拯救窮人、為保護未出生的嬰兒而戰鬥。最重要的，我們應該願意跟隨我們救主的榜樣，為別人捨命。神的公義、愛和主權的最終勝利，是A計劃中不可或缺的局面。所以我們斥責撒但；我們要穿上神的武裝作戰；我們反對不公義；我們認同人類的苦難；甚如基督一樣。我們並不安於現狀。我們立志獻身將世界變得更好。

有些人用神的主權作為藉口，解說他們為甚麼缺少直接與撒但爭戰。他們保持不了聖經的平衡。他們忘了神的主權包括好與壞之間的鬥爭；而當我們與祂一同作戰的時候，神就得著榮耀。

信靠的問題

我們可以信靠神嗎？

讓我們拿這個問題到高索科，問一個在內戰中失去父母的孩子。讓我們問那些經歷過集中營現在仍生還的猶太人：神是否為這個世界選擇了最好的計劃。讓我們問那些兒女有多種疾病的父母：他們是否覺得神的計劃是好的。讓我們問那些今天被虐待的兒童：神是否公正和平等的。

神是否不可以更小心地選擇這一個世界？我們能否信靠一個這樣的神—— 祂的計劃包括了這麼多的痛苦，這麼多人要受永刑的審判？

是的，我們可以信靠祂！

其實，我們可以信靠祂的惟一的原因，是因為我們知道祂掌管一切，所以一定有一個很好的理由要准許邪惡進入世界。祂一定有很好的理由將邪惡包括在祂永恆的計劃中。其實，只有一個不會冒風險的神才值得信賴。只因為祂的主權覆蓋歷史的每一部分，我們才能有信心知道每一種邪惡都會成為更美的事。

所以我們面對一個抉擇：我們要一個只能站在一旁欣賞、因為祂的被造物擁有自由意志而不能作甚麼事、像旁觀者那樣的神，還是一個整個世界都是屬於祂的A計劃的神？如果你選擇後者的話，你可以肯定這個星球上每一個細節都是有意義的；每一種邪惡都會用神的公義來回報；每一個善良都會依著它們的價值得到獎賞。**我們可以有把握，邪惡的背後一定有一個道德上的原因，就算這個原因只有神知道**。

或者，你會反對我在這章所寫的，並堅持人類的墮落真的破壞了神所預期的計劃。如果是這樣的話，後果是很令人吃驚的。我很難會信靠一個因A計劃受阻而轉向B計劃的神。如果一些超乎祂計劃之外的事會發生，其他始料不及的事也可以在將來發生。我會更能信靠一個始從開始已有一個直到今天還是在如期進行中的計劃的神。有一天，神或會向我們解釋生命中無意義的邪惡怎樣在祂的觀點中是有意義的。你要明白，減低神管治的能力並不會增加我們信心；祂的管治愈強，我對祂會成就一切的信心就愈強。惟有神統治萬物，我才會有盼望。

說得清楚一些，無意義的邪惡只可在神的計劃中有分的時候才有意義的。一架載人到戰亂國家幫助難民的飛機墜毀了；神不關心那些有需要的難民嗎？土耳其地震之後的大雨，令生還者找尋親人的努力和照顧自己的能力更加困難。一個法官因為受賄，將一個孩子的撫養權交給有虐待狂的丈夫。這些我們看來是無意義的和邪惡的事多如牛毛。但是如果這個墮落了的世界是神的計劃的一部分，我們可以確定這一切裏面一定有一個目的。沒有任何一件事的發生不是用於一個有理由的終局的。

史葛德（Darrell Scott）的女兒史麗秋在哥倫拜學校的屠殺中被謀殺了。他明白這個真理。他沒有激動地發怒。《時代》雜誌說，史葛德和他的家人在絕望中找到釋放。「對於他們，麗秋的死只是基督徒的一種殉道：神的作為是為了在年青人當中燃起一場靈性革命。」[7]不必說，神沒有做邪惡的事，但如果基督的死是一種由惡人所做出來的「神的作為」，那麼這個少女被壞的青年人殺死，也可以被如此描述。惟有神有主權，我們才可以盼望世界的邪惡可以促進神的目的。

有一天，當我剪草的時候，我看見一封信的碎片吹進我們的花園。我可以讀到信中的幾行字。寫的是關於發信人和收信人之間破裂的友誼。我明白少許發生了的事，但坦白說，我不知道整件事情。我需要的是整封信，由始至終的細節。我需要上下文。

神的目的也是如此。我們有了祂的道，那是確實的，但卻不完全。我們有足夠知識支持我們的信心，卻不足以叫我們看得見。我們有足夠的理解去生活，卻不足以去解釋。在這一生中，我們看到戲劇中的一幕，但我們還未看到整場戲。我們知道誰會勝利，但我們不知道為何或怎樣。我們可以問幾百個問題，但聖經仍然會沉默。正如施蘊道(Charles Swindoll)說，相信神的主權「不會叫我們沉默不發問，但會解除我們的憂慮」。[8]

我們就此在創造者面前屈膝，謙卑承認我們不知道很多關於祂的事。神有權只顯示祂的旨意的一部分。我們可以說的是，祂顯示了祂是有主權的、慈愛的和智慧的。是的，我們或會做不同的事，但像聖經所說的，神沒有顧問跟祂商量祂下一步應該怎樣做。我們只可以歡欣，因為祂作所有的決定都是出於祂極其慈愛和公義的目的。

如果神要一班在「不能發現祂的方法」的情形下也會相信祂的人，那怎辦？如果祂期望我們在很多相反的證據下，也相信祂是良善的，那怎辦？面對神難測的方法時，彼得這樣寫道：「因此，你們是大有喜樂；但如今，在百般的試煉中暫時憂愁，叫你們的信心既被試驗，就比那被火試驗仍然能壞的金子更顯寶貴，可以在耶穌基督顯現的時候得著稱讚、榮耀、尊貴。」(彼前一6～7)

最後，我們一定要跪在神的腳下敬拜祂。聖經開始時宣告：「起初，神創造天地。」(創一1)結尾的時候，我們讀到：「主——我們的神、全能者作王了。」(啟十九6)在這些章節之間，聖經向我們保證我們事奉的是一位每樣事情都做得完美的神。

個人的回應

讓我們假設我們在天堂，回顧地球幾千年來上演的戲劇。在那有無數星座的天際裏，細小的地球所映出的輪廓把我們深深感動。但在這小小的土地上，邪與正、光與暗的搏鬥到達了它光榮的結局。我們與天使們同聲大喊說：

阿們！頌讚、榮耀、智慧、
感謝、尊貴、權柄、大力
都歸與我們的神，
直到永永遠遠。阿們！

(啟七12)

只有在這時候，我們才會明白神把各樣事情都做得完美。

直至那時候，我們歡欣地敬拜，相信神的旨意和方法都是公正和美好的。當保羅討論到神最終的目的時，他以一個驚人的祝福作結束，提醒我們，我們只能夠看到神最終的計劃的一小撇。我們要為我們明白的和那些摸不到底的奧祕而敬愛祂。保羅說祂的道路是「描繪不到的」。

深哉，神豐富的智慧和知識！
他的判斷何其難測！
他的蹤迹何其難尋！
誰知道主的心？
誰作過他的謀士呢？
誰是先給了他，使他後來償還呢？

因為萬有都是本於他，

倚靠他，歸於他。

願榮耀歸給他，直到永遠。阿們！

（羅十一33～36）

讓我們細思最後的幾行。「萬有都是**本於**他（創造），**倚靠**他（救恩），**歸於**他（成就）。」

是的，願榮耀歸給祂，直到永遠！阿們！

註：

1. John Piper, *The Pleasures of God* (Portland, Ore.: Multnomah Press, 1991), p.38.
2. Charles D. Alexander, *Hallelujah! For the Lord God Omnipotent Reigneth!* (Pensacola, Fla: Mt. Zion Publications), p.12。來自Sovereign Grace Union年報會的一篇信息， London, July 1969。
3. Alexander, *Hallelujah! For the Lord God Omnipotent Reigneth!*, p.16.
4. Erwin Lutzer, *Doctrines That Divide* (Grand Rapids: Kregel, 1998), pp.153～223。很多人認為邪惡的問題可以用神的受造物的自由意志來解決。這種觀點是完全不妥當的。原因有很多。首先，如果說神計劃了祂的受造物不會犯罪，但因著他們的自由意志，祂不能完成祂的計劃的話，我們必須指出，祂本來大可以選擇只造一些祂預先知道不會犯罪的天使和人類；或者，祂大可以造一些就像在天堂裏的、常常渴望事奉神和完全沒有能力犯罪的生物。再者，我們很難相信自由意志竟會導致在這個世界裏受可怕的痛苦，甚至對很多人來說，更難相信要在下一世入地獄。最後，如果自由意志在神的節目表中是這麼重要的話，人們會預期聖經應該教導這一點。但聖經沒有。聖經也沒有教導說我們是機械人，而是說我們是有責任心的人。但它也指出，我們並不像那些強調自由意志的人所辯護說，我們是絕對自由的。讀下列的經文會解除「神被祂的受造物的自由意志限制了祂自己」這個觀念：出埃及記四章21節，十二章36節；詩篇一百零五篇25節；箴言二十一章1節；但以理書四章25節；阿摩司書三章6節；約翰福音一章13節，五章21節，十二章39至40節；使徒行傳四章27至28節，十三章48節；羅馬書九章22至24節；以弗所書一章4至5節；帖撒羅尼迦後書二章13節。

5. Alexander, *Hallelujah! For the Lord God Omnipotent Reigneth!*, p.2.

6. Frank Mead, ed., *12,000 Religious Quotations* (Grand Rapids: Baker Book House, 1989), p.179.

7. S. C. Gwynne, "An Act of God?"，載於 *Time*, 20 December 1999, 58。

8. Charles Swindoll, *The Mystery of God's Will* (Nashville, Tenn.: Word Publishing, 1999), p.91.

思考問題

查明謊言

一、「很多人認為：神有A計劃，就是祂所有的被造物都會生活在服從和喜樂中；但這些被造物卻利用他們的自由意志。一部分天使和後來所有的人類墮入罪和它醜陋的惡果中。神的反應就是進行B計劃：以基督的身分進入世界，盡祂所能救贖人們。感謝神，我們被邀請參加這個B計劃。當然，我們也鼓勵別人參加。」

1. 你有聽過這種說法的任何其他版本嗎？如果有，在哪裏？
2. 你對這種說法有甚麼回應？你的朋友怎樣回應？

二、「真的，世界上有很多恐怖邪惡的事；但神不喜歡看到人類受苦，而祂永恆的計劃仍照原定的進行。在永恆的角度看，這就是A計劃。」

1. 當邪惡存在，甚至神厭惡這些邪惡，神的計劃又怎樣如期進行？
2. 永恆的觀點怎樣基本地影響神對世界的感覺？

三、「神所想做的事就像一條鏈子，創造就是鏈子的第一個環，而這條鏈子最後的一環永遠是神的榮耀。」

1. 請列出這條鏈子主要的「環」。為甚麼它們每一個都是必需的？
2. 為甚麼鏈子中最後一環永遠是神的榮耀？這樣不會令祂

變得十分自負嗎？

四、「神安排整個宇宙，好叫我們的慾望與祂的旨意是一致的。聖經並不覺得人的責任和神的保守和引導有任何的矛盾。」

1. 請描述你生活中遇過的一件事情，令你清楚知道，其他人所作出的壞的、甚至是邪惡的選擇，結果竟與神的旨意匯合。
2. 你怎樣解釋人的責任和神的保守？

五、「我們必須分辨神啟示了的旨意(那不是在世上進行的)和祂隱藏著的、但常常會被執行的旨意(或命令)。」

1. 請描述神「啟示了的旨意」。那是甚麼？
2. 請描述神「隱藏著的旨意」。那是甚麼？
3. 這兩者怎樣同工，成全神的目的？

六、「只因為祂的主權覆蓋歷史的每一部分，我們才能有信心知道每一種邪惡都會成為更美的事。」

1. 神的主權怎樣令我們有信心？
2. 神的主權令你有甚麼的感受？請解釋。

七、「如果神要一班在『不能發現祂的方法』的情形下也會相信祂的人，那怎辦？如果祂期望我們在很多相反的證據下，也相信祂是良善的，那怎辦？」

1. 你會怎樣回答這兩個問題？
2. 神為甚麼要這樣的一班人？

找出真理

一、讀詩篇三十三篇6節；啟示錄四章11節；歌羅西書一章16節。

1. 依照這些經文，神是怎樣創造宇宙的？

____

____

2. 神創造的時候有否出錯？請解釋。

____

____

二、讀約伯記四十二章2節；但以理書四章34至35節；以弗所書一章9至11節。

1. 這些經文告訴我們神的旨意是怎樣的？

____

____

2. 神對未來的異象有多確定？請解釋。

____

____

三、讀以賽亞書四十三章6至7節，六十章21節；耶利米書十三章11節；詩篇一百零六篇8、12節；羅馬書三章25至26節；帖撒羅尼迦後書一章9節。

1. 你從這些經文中學習到神的榮耀是怎樣的？

2. 甚麼是神的榮耀？

3. 為甚麼神的榮耀對祂這麼重要？

四、讀以弗所書一章4至6節；提摩太後書一章8至9節；以弗所書三章9至11節；啟示錄十三章8節。

1. 神在哪時揀選我們的？為甚麼這是重要的？

2. 耶穌「從創世以來被殺」的意義是甚麼？這點怎樣說明髑髏地一直都是神的A計劃？

五、讀彼得前書一章6至8節。

1. 苦難怎樣與神對祂子民的計劃吻合？

2. 彼得教導我們怎樣回應苦難？為甚麼？

謊言九

我們必須在神和自己的樂趣之間作出選擇

我們應該取悅神還是取悅自己？

在慕迪教會裏，我們會與那些將成為執事的會友面談，評估他們是否適合事奉的崗位。我們的會章要求我們問幾條問題，包括這一條：「你是否在理論上和實際上，都反對耽溺於所有損毀你和基督的關係的、有問題的或肉體上的娛樂？」有一位候選人回答說：「是的，我反對這些事。事實上，我十分厭倦我的婚姻。」

其他人雖然會說得比較圓滑一點，這位會友卻反映出很多被誤導的基督徒的思想傾向：我們或是找尋自己的歡娛，或是我們以服從神來取悅神；但我們不可以兩者兼得。我們必須在個人的歡樂和責任之間、自由和無趣的工作之間作出選擇。有一位男基督徒曾經對我說，他就是因為喜歡一件毛線衣而不將它買下來。有時候，這位弟兄會說：「我是有問題的，因我沒有常常哭。」對他來說，歡樂就是罪，不斷的自責和煩悶是基督徒生活的關鍵。

另一個青年人則對我說：「因為我只可生存一次，所以我覺得我應該享受一切我所能得到的快樂。」那時候，我正想幫助他明白，酗酒和不道德的生活是沒有前途的，他應該接受基督作他的救主，並且與神和好。但向他提議將他的樂趣轉向神，這是不可思議的。他應該怎辦？留在屋裏看粵語場片嗎？為甚麼他要將他的樂趣變為沉悶？他覺得，神會終結他的快樂。

一個酗酒的人問：「難道我不可以先享受好日子，然後在我死前才接受基督嗎？」他也覺得接受基督作他的救主會令他從「好日子」轉到一些「不大好的日子」。將他的酒瓶來兌換神，對他來説是賠老本的生意。

這一章要説的是，神有祂的樂趣，我們也應有我們的。聖經並不禁止我們有娛樂；其實，它命令我們找尋最高的樂趣。「又要以耶和華為樂，他就將你心裏所求的賜給你。」(詩三十七4) 我們的慾望不應被蔑視，反而應該被滿足。我希望能指出，當我們尋找神的樂趣其實就是尋找我們的樂趣。感謝神，我們的選擇並不是先要神還是先要自己。**當我們把神放在第一位，我們就是把自己放在第一位！**

我非常感謝琵巴的兩本書《渴望神》和《神的樂趣》(*The Pleasures of God*) 為這章帶來洞察力，我推薦這兩本書給你學習和反思。[1] 我從這兩本書所得到的結論是，我們可以學習神論 (the doctrine of God)，但我們知識最終的目標是渴慕祂和尋找祂。

快樂鏈子的五個環

如果我們在神裏面尋找樂趣，祂不會給我們快樂，除非這也是祂的快樂。感謝神，祂是一位有樂趣的神，祂亦希望我們效法祂的榜樣。下列五點是帶領我們到達個人喜樂和滿足的鏈子的五個環。它們表明我們對意義和快樂的追求是發源於神的每一個本性。相信認識神就會帶來煩悶這種說法與真理有著天淵之別。

請注意，在你明白了這些鏈子的環是怎樣互相連結在一起之前，請不要從任何一個環作出定論。我們的靈性樂趣的基礎，是要將喜樂固定在神的性格上。一個真理會建立在另一個真理之上，直至我們可以更清晰地看見，當我們在神裏面找到樂趣的時候，我們就會把樂趣帶給祂。

神自己有很多樂趣

琵巴寫道：「神是榮耀地快樂的。這是好消息。沒有人願意永恆地和一位不快樂的神在一起。」[2] 生命中不可控制的挫折常常令我們對喜樂的慾望沮喪。我們選擇的工作與我們以為的不一樣；我們的配偶患了一種我們連名字也說不出的病；我們的旅程突然被龍捲風終止。每一天，我們都會被提醒，我們預定得最好的計劃，都會遇到幾十種不同的意料之外的事情。

這個時間，請你盡你所能幻想：假若你是神，你會有甚麼感受。你是全能的，沒有東西可以打敗你；你是全知的，沒有東西可以哄騙你；你是無所不在的，沒有東西比你更持久。明顯地，你擁有喜樂所需要的一切資源！

在這些再加上智慧、美德、榮耀、美麗，你可以看到神的願望是永不會落空的。「然而，我們的神在天上，都隨自己的意旨行事。」(詩一一五3) 試想想你可以歡喜做甚麼就做甚麼。無怪乎神是快樂的！

令神喜悅的是甚麼？首先是祂的兒子。「這是我的愛子，我所喜悅的。你們要聽他！」(太十七5) 以賽亞引述神所說：「看哪，我的僕人——我所扶持所揀選、心裏所喜悅的！我已將我的靈賜給他；他必將公理傳給外邦。」(賽四十二1) 保羅也回應神對祂兒子的喜悅而附和說：「因為父喜歡叫一切的豐盛在他裏面居住。」(西一19)

父神對聖子的喜悅，自從神存在就已經有了，而且繼續存在，直到永遠。愛德華茲說得對：「如果神有任何熱心……這是祂對聖子的熱心。它永不會改變；永不會冷卻。它燃燒在不可思議的熱情和熱誠中。父神無限的喜樂在乎於享受祂的兒子。」[3]我們知道，神沒有啟示祂在創世之前做過甚麼，但我們可以肯定這一點：祂欣賞祂的兒子；祂們在共同的滿足下相交。

第二，神喜悅祂的創造。「神看著一切所造的都甚好。」(創一31) 祂對祂輕易地完成的工作感到滿意。詩人明白，神的光榮留存到永遠。他禱告願神可「喜悅自己所造的」(詩一○四31)。

神問約伯是否明白創世需要些甚麼：「地的根基安置在何處？地的角石是誰安放的？那時，晨星一同歌唱；神的眾子也都歡呼。」(伯三十八6～7) 顯然的，神在創造宇宙之前，先創造了天使，以便有觀眾看到這件事情。試想想，當一顆顆星誕生的時候，天使們是何等的興緻勃勃！如果他們從父神那裏得到了感情，我們可以肯定全能者也在他們當中歡笑。琵巴說，我們彷彿可想像得到神說：「看這個！」而天軍們就熱烈地鼓掌。[4]

當神下命令說，「除了我以外，你不可有別的神」(出二十3)，這道命令也適用於祂自己的。如果神最主要的喜悅是建在任何被造物之上，甚至是祂自己所創造的東西，祂也是犯了拜偶像的罪；所以祂的喜悅只能來自祂自己。不過，祂可以在祂的創造中歡欣，因為它表達了祂的榮耀：「諸天述說神的榮耀；穹蒼傳揚他的手段。這日到那日發出言語；這夜到那夜傳出知識」(詩十九1～2)。整個創造日夜大喊：「榮耀的神！榮耀的神！」

神亦在祂創造的工作中喜樂，因為它們稱頌祂(詩一○三22)。實在的，祂創造的海中生物在「一切深洋」(詩一四八7)中頌讚祂。祂喜悅海中深藏的祕密，雖然人可能永不會發現它們。

天父與聖子在宇宙的創造中同工(西一16)。祂們創造並不是因為祂們缺乏了甚麼；宇宙只是用來表達祂們共同的喜樂。「聖子和天父同樣在創造中得到榮耀，因為創造是祂們滿溢的喜樂。」[5]

正如天父在創造宇宙中喜樂，我們也一樣可以。拜偶像的本質是用受造物代替創造者。如果我們只將創造看成表達神的光榮和力量的事物，我們就不是在拜偶像。看到神所作的奇妙，激勵我們思想：如果整個創造是光榮的，神的光榮該有多大！

神亦喜悅祂的子民。「他使我的靈魂甦醒，為自己的名引導我走義路。」(詩二十三3)神投資在祂子民的生命上，最主要是為了祂自己的名譽。琵巴確定這點說：「神首要的愛源於祂聖名的價值，不是罪人的價值。」[6]但祂仍然喜歡為祂的子民作美事：「你的神是施行拯救、大有能力的主。他在你中間必因你歡欣喜樂，默然愛你，且因你喜樂而歡呼。」(番三17) 再者，神為我們歡欣，因為我們帶給祂光榮。祂從不間斷地自奉，因為沒有人是超越祂的，因此，神不因任何人而存在或成功。

神找到很多祂可喜悅的事物。

但祂是否常常都快樂呢？世界發生的事是否也常常令祂悲哀呢？很多經文說神憤怒。其實，「神是公義的審判者，又是天天向惡人發怒的神」(詩七11)。有一些事物不會令祂喜悅：「惡人死亡，豈是我喜悅的嗎？不是喜悅他回頭離開所行的道存活嗎？……我不喜悅那死人之死，所以你們當回頭而存活。」(結十八23、32) 32節強迫我們問：神是否常常都快樂？如果有一些事情攪擾祂，祂是否會**被迫進**一個不快樂的角落呢？[7]

琵巴在「神非常複雜的情緒生活」中找到答案。一方面，神為壞人的死亡和人類的反叛悲哀。但當祂思索所有引致這些反叛的事情和反叛的後果時，祂會感到歡欣。摩西為將要來到的審判發出警告說：「先前耶和華怎樣喜悅善待你們，使你們眾多，也要照樣喜悅毀滅你們，使你們滅亡。」(申二十八63) 有趣的是，同一篇向我們保證說「神都隨自己的意旨而行」的詩也描述神是怎樣擊殺那些埃及人和「大能的王」(詩一三五6～12)；這種審判令祂歡欣，因為祂渴望公義和正義的懲罰。簡單地說，神永不會中詭計或被強迫做一些祂不喜歡做的事。最終祂所有的工作都會令祂歡欣。[8]

神是一個快樂的神。

神創造我們去尋找樂趣

如果我們的創造者享受樂趣，卻不准我們有樂趣，這是萬分奇怪的事！我們可否想像，天父在天上歡樂的時候，祂對我們說，我們不可找尋自己的歡樂嗎？祂創造我們去尋找樂趣的；真的，我們不可能做別的。

或者沒有人比巴斯加（Blaise Pascal）描寫我們在尋找快樂中所得的焦慮更令人信服。雖然我們持續不斷地探求，但我們在那些聲稱必會滿足我們的事上，卻找不到快樂。他這樣描寫人性：「它希望偉大，卻看到自己的渺小；它希望快樂，卻發覺自己是可憐的；它希望完美，卻看到自己充滿瑕疵；它希望是別人愛和尊重的對象，卻看到自己值得別人討厭和輕視的缺點。」[9] 我們的問題不是在於要尋找快樂，而是找錯了地方。

巴斯加繼續說：「所有人都沒有例外地找尋快樂。雖然他們用不同的方法，他們都向著這個目標努力。這是為甚麼有些人會參軍作戰，有些人做其他事的原因。這是人每一個行為的推動力，包括那些上吊自殺的人。」[10] 他認為，現實永不能滿足我們；雖然我們現在所經歷的答允會滿足我們，但我們被欺騙跟隨一條又一條錯的路，直至我們被死亡接去。請記著，巴斯加不是說我們不應該尋找快樂。真的，我們必須這樣做。但我們會在下面看到，我們對快樂的渴求必須引領我們到正確的目標。

魯益師同意這些思想；他宣稱：我們追求快樂的渴望，

的確是神給我們的東西。

> 如果現代的思想潛伏著一種觀念，認為我們渴望自己的益處和真誠地希望快樂是一件壞事的話，我相信這種觀念是來自康德(Kant)和堅忍主義者(Stoics)，卻不是基督信仰的一部分。實在的，如果我們考慮到福音書不赧顏地應許的獎賞，和這些獎賞駭人的本質，似乎我們的神是覺得我們的渴望不是太強，而是太弱了。當無限的喜樂擺在我們面前的時候，我們卻在食、色和野心中打滾，是一些不熱心的動物；就像一個想在貧民窟中玩泥沙的無知小孩，因為他不能想像海上假期的樂趣是何樣。我們太容易滿足了。[11]

沒有人會追求苦惱。我曾經為很多人證婚，但從來未聽過新娘或新郎說：「我們結婚是因為我們想受痛苦」。甚至那些知道他們不應該結婚的人也會結婚，因為他們相信獨自生活的苦楚會大過婚姻的苦楚。巴斯加說得對，自殺的人自殺是因為他相信墳墓那一邊的痛苦比現在的會少。

想想我們嘗試減輕痛苦、增加喜樂的方法。我們要動手術，為的是希望能夠幫助我們好一點；如果我們選擇一種我們不喜歡的職業，這是因為我們相信微薄的薪金總比餓死較快樂。作不道德行為的人如此行，也是因為他覺得，如果他能夠不被發現的話，他可以減少痛苦，增加樂趣。盡責的主日學老師好好地備課，因為他相信這樣可以將最多的快樂和利益帶給他的學生；他也會在一件做得好的工作中找到滿足。無論是基督徒、回教徒、猶太教徒或無神論者，我們都尋找避免痛苦和增加樂趣的方法。

尋找樂趣的神創造我們，希望我們也同樣尋找樂趣。我們雖然照祂的形像被造，但我們卻尋找自己的興趣；我們只會計算自己的利益。我們雖然迷失，但神卻沒有。

我們的誘惑是尋找較低層次的樂趣

亞當和夏娃在伊甸園的時候，他們享受兩種特別的樂趣：認識神和與祂同行。伊甸園裏也有引誘他們吃禁果的樂趣。「於是女人見那棵樹的果子好作食物，也悅人的眼目，且是可喜愛的，能使人有智慧，就摘下果子來吃了，又給她丈夫，她丈夫也吃了。」(創三6) 那棵樹是可喜愛的，因為神創造的每一種東西都是好的。問題是，神已經告訴他們不要吃它的果子。我們的始祖面對一個選擇：甚麼會帶給他們最大的樂趣？在他們的思想中，吃比不吃更有樂趣；得到智慧比沒有智慧更令人歡樂。但因為他們不能預知不順服的後果，他們將很多不愉快的事帶給了自己，也帶給了世界。他們以為不順服可以增加他們的快樂，結果，它卻增加了他們的痛苦。

摩西也好像亞當和夏娃一樣尋找樂趣。但他選擇在順服中尋找。「摩西因著信，長大了就不肯稱為法老女兒之子。他寧可和神的百姓同受苦害，也不願暫時享受罪中之樂。他看為基督受的凌辱比埃及的財物更寶貴，因他想望所要得的賞賜。」(來十一24～26)

摩西計算過他的選擇權：**我應該尋找罪的樂趣還是神的樂趣——那「永恆的獎賞」**？無論怎樣，他的動機都是要找對他最合適的、最能令他喜悅的事。所以，他從罪中飛逝的樂趣回轉，選擇了從跟隨神而來的永恆的樂趣。

耶穌也這樣做。「仰望為我們信心創始成終的耶穌。他因那擺在前面的喜樂，就輕看羞辱，忍受了十字架的苦難，便坐在神寶座的右邊。」(來十二2) 耶穌明白，將來的喜樂比現在的痛苦更大。是的，祂大可以呼召千萬天使，他們可以將祂從現在的痛苦中救出來；但祂卻會因此失去從順服中得到的無比喜樂。

當我們選擇較低層次的樂趣，我們將被造物代替了創造者。我們很快就會成為拜偶像者，敬拜生命裏暫時的喜樂，代替了永生神。世上的樂趣和神的樂趣都同樣地答允我們，同樣地博取我們的忠心。不過，較低層次的樂趣不能兑現它們的承諾。

我們應該怎樣描寫這些屬世的樂趣？它們是脆弱的、不實在的；當我們覺得可以掌握到它們的時候，它們立刻蒸發掉。我事奉的教會的創辦人慕迪有一段心愛的經文，這經文將兩種不同的樂趣作了個比較：「這世界和其上的情慾都要過去，惟獨遵行神旨意的，是永遠常存」(約壹二17)。就算我們可以利用幾年屬世的樂趣去滿足我們的慾望，它們也不會長存。彭斯 (Robert Burns) 說得對：

樂趣就像散布的罌粟花，
你採下它，它就脱落；

或像河中的雪花，
一片白茫茫，轉眼就永遠消逝。[12]

這些歡樂亦聲稱可以代替神，但它們根本做不到。馬丁路德也說得對：「沒有人犯罪，他只不過誤會了神。」如果亞當和夏娃相信神是良善的話，他們一定不會犯罪。官感上的樂趣說：「神不能滿足我的需要！神不能滿足我的需要！」再次引用琵巴說的：「罪是在我們不滿意神的時候做出來的事情，它奪去了歡樂。」[13]

最後，這些樂趣應許自由，但它們卻帶來了奴役。聽聽耶穌說的：「我實實在在地告訴你們，所有犯罪的就是罪的奴僕。奴僕不能永遠住在家裏；兒子是永遠住在家裏」。(約八34～35) 僕人不會起床就發施號令，只有主人才可以。罪惡的樂趣給人有自由的錯覺，但它們其實是最厲害的枷鎖。

有一個聖誕節，我看見一個小孩子坐在嬰兒車中，猛烈地將他的玩具駕駛盤轉向右，但他的車子卻向左轉。他的駕駛盤沒有連接到任何有關係的地方。他可以憤怒地隨意轉他的駕駛盤，但他的母親掌管一切。同樣的，罪令我們有錯覺以為我們在控制大局，但駕駛的機件大部分是沒有連接上的。我們順服地服從我們的慾望，但有支配權的不是我們，而是罪。

十九世紀的一件悲劇是王爾德 (Oscar Wilde) 的事業。雖然他有一個聰明的腦袋，在文學上贏得最高的榮譽，但他卻陷在違反人倫的不道德的罪中。結果身敗名裂，落在獄中。他承認：

神祇差不多將一切給予了我。但我讓自己陷入長期的無意義和情慾的安定中……對事業高峯感到厭倦，我故意地墮入深谷找尋新的感覺。我在思想領域中的矛盾，就像性變態在情慾的領域中捆綁我……我隨自己意願享受樂趣，然後飄然而去。我忘記了，平常細小的行為都會使性格變好或變壞。所以，一個人在祕室作的事，有一天他要在樓頂上大喊出來。我不再是我自己靈魂的支配者，而我也不自知。我准許情慾支配我，結果我落得身敗名裂。[14]

情慾是一個壞主人。罪裏的樂趣被高估了；它們被貼錯了標籤。「我們從前也是無知、悖逆、受迷惑、服事各樣私慾，和宴樂，常存惡毒嫉妒的心，是可恨的，又彼此相恨。但到了神——我們救主的恩慈和他向人所施的慈愛顯明的時候，他便救了我們；並不是因我們自己所行的義，乃是照他的憐憫，藉著重生的洗和聖靈的更新。」(多三3～5) 當我們放眼看世界，以為自己被欺騙了的話，我們是愚蠢的。你可以問王爾德，他會對你說，罪永遠會把你帶得遠過你想走的路；令你逗留長於你想停留的時間；要你花費比你想支付的更多。

神藉著癖好告訴我們，罪是壞的。我們在酗酒、賭博、色慾中，清楚地看到罪的假面具。但「靈命的罪」也是一樣：貪婪、嫉妒和自誇。我們的問題是，這些樂趣令我們感到它們的壓倒性。沒有它們，我們不可想象生命會是怎樣的。

我們會覺得它們是我們的一部分。

有一個關於風箏的故事：一隻風箏對自己說：「如果我可以擺脱那條拉著我的線，我可以想飛得多高就多高；是那條線令我失卻自由。」一個傍晚，風箏能夠如願以償了。線斷了，風箏終於可以自由地飛過雲彩，飛向星星。但過不了一會，它立即墮到地上，因為原來拉著風箏的線就是幫助它向上飛的。這個故事教訓我們，如果我們要飛越雲彩，我們必須讓神掌管一切。

靈命成長是將更大的樂趣代替低層次的樂趣

神的樂趣怎樣能與色情刊物那種消愁解悶的感受競爭呢？不道德的樂趣、毒品和酒精又怎樣？從賭博而來的「飄飄然」呢？從自我宣傳、專於己利和自保而來的樂趣呢？甚至在我們心中保留著憎恨而有的樂趣呢？神的樂趣怎樣能給予我們從這些樂趣得到的滿足？

神令我們滿足的方法是其他樂趣不能給予我們的。祂給我們的樂趣有更大的價值；祂將祂自己賜給我們。再一次引述巴斯加說的：

> 在人裏面曾經有過真正的喜樂，到現在留下的只是空空的痕迹。他只能徒然地嘗試用他的環境充滿它；從過去的事物中尋找他現在也得不到的幫助。但所有事物都是不足夠的，因為無限的深淵只能以無限的、不變的物體才可以填滿。這是説，只有神祂自己。[15]

魯益師寫道，在詩篇中的神是「全都滿足的物體」。祂的子民在祂裏面歡樂，因為他們從祂那裏得著「極度的喜樂」。「你們雖然沒有見過他，卻是愛他；如今雖不得看見，卻因信他就有**說不出來、滿有榮光的大喜樂**；並且得著你們信心的果效，就是靈魂的救恩。」(彼前一8～9)

大衛也這樣述說他的喜樂：

耶和華是我的產業，是我杯中的分；
我所得的，你為我持守。
用繩量給我的地界，坐落在佳美之處；
我的產業實在美好。
我必稱頌那指教我的耶和華；
我的心腸在夜間也警戒我。
我將耶和華常擺在我面前，
因他在我右邊，我便不致搖動。
因此，我的心歡喜，我的靈快樂；
我的肉身也要安然居住。
因為你必不將我的靈魂撇在陰間，
也不叫你的聖者見朽壞。
你必將生命的道路指示我。
在你面前有滿足的喜樂；
在你右手中有永遠的福樂。

(詩十六5～11)

在這篇詩開始的幾節中，大衛從假神中回轉。他發現虛假的愛崩潰了，它們不能兌現承諾。他從不純潔的樂趣中回轉。這些樂趣永遠都會留下餘恨；它們的獎賞只是空洞的靈魂。

大衛放眼張望，看見神的祝福包圍著他。他回想當年以色列民進入迦南地的時候，土地是用抽簽方法分配的。他發覺他在生命中抽到的是上上簽。「用繩量給我的地界，坐落在佳美之處；我的產業實在美好。」(6節) 今天，我們必須用時候回憶神在我們生命中的好處。我們當中信靠基督的人，有一些說不盡的產業是我們不應視為理所當然的。

當大衛看著眼前的挑戰時，他在心裏和意志上崇敬神。「我將耶和華常擺在我面前，因他在我右邊，我便不致搖動。」(8節) 大衛將榮耀和尊貴歸給神。有人說，大衛「像蜜蜂一樣，將他自己埋在與神一起的純真的喜樂中。」幾年前，當大衛從他的墮落中悔改時，他寫道：「你們要嘗嘗主恩的滋味，便知道他是美善；投靠他的人有福了。」(詩三十四8) 沒有樂趣可以與嘗到神裏親密的關係相比。

這樣來答謝神的祝福有兩個益處。第一，我們會立時感到滿足：「因此，我的心歡喜，我的靈快樂；我的肉身也要安然居住。」(9節) 大衛找到了我們很自然地會去尋找的快樂。試想想，沒有罪疚，沒有後悔，真正地自由的喜樂會是怎樣的。當然，我不是說大衛從未有過壞日子 (實在的，你可以從詩篇知道，他常常有壞日子)。但他知道他情願與神一起過壞日子，也不願在只有他和自己的樂趣中過好日子。悲哀中有喜樂，痛苦中有快樂。這樣說不是自相矛盾的。

第二，我們在將來會得到益處。他說，他的身體可以安全地休息，因為「你必不將我的靈魂撇在陰間，也不叫你的聖者見朽壞」(10節)。他可以被埋到墓中，卻仍然懷著對來生的盼望；他可以有信心地去世；就算死了，他也可以找到喜樂：「你必將生命的道路指示我。在你面前有滿足的喜樂；在你右手中有永遠的福樂」(11節)。

讓我們別忘記這個事實。在這一生，神在大衛的右邊；在來世，大衛會在神的右邊！當我們現在尊崇神，我們將來也同樣地得到尊崇。這種喜樂是純真的、活潑的和永恆的。

我們在神的面前，看到祂的美好，知道祂接納我們，我們能有其他感受嗎？實在的，這種喜樂將會是我們來世的經驗；但就是現在，我們也可嚐到神的祝福。

神的樂趣和我們的樂趣是融洽一致的

認識神並不等於放棄喜樂，而是實現它。我們敬拜的，是我們所敬愛和喜悅的。如果神差派我們做宣教工作，那怎麼樣？如果我們家中一位成員死亡，那怎麼樣？如果我們得不到我們情感上所有的需求，那怎麼樣？聖經給我們的答案是，走一條艱辛的路，但有神的祝福相伴，總比大鑼大鼓地走一條不能與神親近的路好得多。對神最好的事物也是對我們最好的；能夠帶給神喜悅的事，也是對我們有最大益處的事。追求錯的樂趣，你會一無所獲；追求神，你會獲得一切。正如魯益師所說：「你在這一生中滿足的話，天堂就是『贈品』。」華爾士(Jerry Walls)說得對：「我們這個時代，像其他時代一樣，人們都渴望快樂，但他們不了解他們追求的其實是聖潔。」[16]

最能榮耀神的，也是對我們最好的。

個人的回應

慕勒(George Mueller，1805～1898)是一位懂得祈禱和有信心的偉人。他在英國開辦孤兒院，不單是照顧貧窮的兒童，也是要顯示神的可靠性。他從來不要求捐助，只是倚靠禱告。他的生命是一連串奇迹的史實。他學習了一件徹底改變了他和神之關係的事：「我比從前看得更清楚，我每一天應該做的最重要和首先的工作，就是叫我的靈在神裏面快樂。第一件要專心的事並不是怎樣事奉我的主，怎樣榮耀我的神，而是怎樣將我的靈投入一個快樂的境界，和怎樣令內在的我得到餵養。」[17]

他繼續說，他要自己每天早晨都讀新約聖經。這時候，他練習將懺悔和懇求混和在他的沉思中，直至他的心在全能者面前平靜下來。只有這樣，他才能有一個滋潤了的靈，開始一天的工作。

讓我們學習他的榜樣。如果你現在每一天不是從神的面前開始，我鼓勵你這樣做。無論這要費多少努力，我們會得到獎賞，在神面前有真正的喜樂。每日二十分鐘會改變我們的生命。每日讀一篇詩篇，或一章新約聖經。清教徒常常說：「有神和其他東西的人，並不比只有神的人擁有更多東西。」歌絲比(Fanny Crosby)這樣寫道：

恩座前祈禱，與我主親近，似良友親密相交；
心喜樂難言，真得福無盡，勝華筵美味佳肴。
親之，近之，日日近乎主，
到主受死寶架前，

親之，近之，更近之，日日近乎主，
來到主流血身邊。

——《我乃屬耶穌》(*Draw Me Nearer*)

讓我們優先做的是在神裏得到喜樂。

註：

1. John Piper, *Desiring God*（參第一章註）; *The Pleasures of God*（參第八章註）。
2. Piper, *The Pleasures of God*, p.23.
3. Piper, *The Pleasures of God*, p.31.
4. Piper, *The Pleasures of God*, p.85.
5. Piper, *The Pleasures of God*, p.89.
6. Piper, *The Pleasures of God*, p.108.
7. Piper, *The Pleasures of God*, p.61.
8. Piper, *The Pleasures of God*, p.66.
9. Pascal, *The Mind on Fire*, p.66.
10. Pascal, *The Mind on Fire*, p.108.
11. C. S. Lewis, *The Weight of Glory and Other Addresses* (Grand Rapids: Eerdmans Publishing Co., 1965), pp.94～95.
12. John Bartlett, *Familiar Quotations*, ed. Emily Morison Beck (Boston: Little, Brown and Company, 1968), p.495.
13. John Piper, *Future Grace* (Sisters, Ore.: Multnomah Press, 1995), p.8.
14. Oscar Wilde, *De Profundis*，轉引自William Barclay, *The Letters of the Galatians and Ephesian* (Edinburgh: Saint Andrew's Press, 1954), p.177。
15. Pascal, *The Mind on Fire*, p.109.
16. Jerry L. Walls語，載於*Good News* (May/June 1995)，轉引自*Christianity Today*, 17 July 1995, 49。
17. George Mueller語，轉引自 Piper, *Future Grace*, p.127。

思考問題

查明謊言

一、很多被誤導的基督徒認為，他們或是找尋自己的歡娛，或是以服從神來取悅神；卻不可以兩者兼得。「他們要在個人的歡樂和責任之間、自由和無趣的工作之間作出選擇。」

1. 你覺得為甚麼很多人有這樣的感受？你曾經有這樣的感受嗎？請解釋。
2. 你曾否想過神是一位無上快樂的神？請解釋。

二、神祂自己有很多樂趣，特別是這三個：

- **祂喜悅祂的兒子**
- **祂喜悅祂的創造**
- **祂喜悅祂的子民**

1. 為甚麼神喜悅祂的兒子？
2. 為甚麼神喜悅祂的創造？
3. 為甚麼神喜悅祂的子民？
4. 我們如何可以在這三個樂趣中找到我們的歡樂？

三、「我們被創造去尋找樂趣⋯⋯我們的問題不是在於要尋找快樂，而是找錯了地方。」

1. 你同意我們是被創造去尋找樂趣的嗎？為甚麼？
2. 我們常常在哪些「錯地方」尋找我們的樂趣？你個人經驗過甚麼「死胡同」？

四、「我們的誘惑是尋找較低層次的樂趣……不過，較低層次的樂趣不能兌現它們的承諾。」

1. 「較低層次的樂趣」的意思是甚麼？
2. 為甚麼這些「較低層次的樂趣」不能兌現它們的承諾？

五、「靈命成長是將更大的樂趣代替低層次的樂趣……神令我們滿足的方法是其他樂趣不能給予我們的。祂給我們的樂趣有更大的價值；祂將祂自己賜給我們。」

1. 為甚麼需要靈命成長才能將更大的樂趣代替低層次的樂趣？如果這些樂趣是更大的話，為甚麼很多人不追求它們？
2. 神怎樣將祂自己賜給我們？祂為甚麼是最有價值的樂趣？

六、「神的樂趣和我們的樂趣是融洽一致的……認識神並不等於放棄喜樂，而是實現它。」

1. 神的樂趣是怎樣和我們的樂趣融洽一致？
2. 你對真正的、深厚的喜樂知道多少？請解釋。

找出真理

一、讀詩篇一百一十五篇3節。

1. 甚麼東西決定神選擇要做的事情？

---

2. 神怎樣完成這些事情？

3. 為甚麼這樣可以令我們確定神是無上快樂的？

二、讀馬太福音十七章5節；以賽亞書四十二章1節；歌羅西書一章19節。

1. 依照這些經文，神有甚麼樂趣？

2. 這裏有些甚麼東西帶給祂樂趣？

3. 我們怎樣可以從這些事物中找到樂趣？

三、讀創世記一章31節；詩篇一百零四篇31節。

1. 依照這些經文，神有甚麼樂趣？

2. 這裏有些甚麼東西帶給祂樂趣？

3. 我們怎樣可以從這些事物中找到樂趣，又不會變成拜偶像？

四、讀詩篇二十三篇3節；西番雅書三章17節。

1. 依照這些經文，神有甚麼樂趣？

2. 這裏有些甚麼東西帶給祂樂趣？

3. 我們怎樣可以從這些事物中找到樂趣？

五、讀創世記三章6節。

1. 這裏描寫的是哪種「低層次的樂趣」？

2. 甚麼令亞當和夏娃放棄更大的樂趣？

3. 我們從他們的身上學習到甚麼？

六、讀希伯來書十一章24至26節，十二章2節；約翰壹書二章17節。

1. 摩西被哪些低層次的樂趣誘惑？耶穌被哪些低層次的樂趣誘惑？想行出神的旨意的人被哪些低層次的樂趣誘惑？

2. 摩西怎樣戰勝這些誘惑？耶穌呢？那些想行出神的旨意的人呢？

七、讀彼得前書一章8至9節；詩篇十六篇5至11節，三十四篇8至11節，三十七篇4節。

1. 從神那裏可以找到哪些樂趣？

2. 人可以怎樣體驗到這些樂趣？

3. 這些樂趣可以延續多久？

謊言十

神助自助者

先說一個故事。

有一個人在洪水氾濫的時候被困在屋子裏。洪水已經漲到屋子的門檻。一條船來到，準備救他出險。他搖手拒絕了那些援救人員，並說：「神會救我的！」第二天，洪水更高。那個人要逃到二樓的露台上。又有一條船來救他。他再一次拒絕幫助，叫道：「神會救我的！」再過一天，洪水已經淹沒他的屋頂。他坐在煙囪頂，洪水在他身旁打著漩渦。一架直昇機在他頭頂盤旋。一個男人對他大聲喊道：「讓我們幫助你！」但他也大聲地回答：「神會救我的！」

就像命運作弄人一樣，洪水更加大，那個人溺斃了。他心情不佳地到了天堂，向聖彼得投訴，說：「我等著你來救我呢！」

彼得回答說：「老實說，我很奇怪在這裏見到你。因為我們已經派了兩條船、一架直昇機去救你！」我們差不多可以聽到彼得說：「記住呀，**神助自助者**。」

依照巴拿研究中心（George Barna Research Associates）的統計，每十個美國人中，就有八個相信「神助自助者」這句說話是出自聖經的。[1] 這好像證實，如果我們期望神做祂的那一份工作，我們必須做我們的那一份。我們怎能倚賴神做所有事？只有我們盡了我們的本分，我們才可以希望祂幫助我們做那些我們不能做的事。

這個合理的原則基於兩個假定。第一是工作的需要和價值。我們不會喜歡那些懶惰蟲。如果一個人願意幫助自己的話，我們會幫助他，不過他必須盡自己的力。我們期望我們的兒女會做一些事。我們會說：「如果你暑假找到一份工作，賺到足夠的生活費的話，我會支付你的大學學費。如果你先幫助自己，我才會幫助你，因為你必須配得我的參與和犧牲。為甚麼你可以不勞而獲？」我們藐視懶惰。

第二，這口號是基於能力的假定。這是說，有一些事情是你能夠做的，你應該行第一步。如果你有殘疾，不能工作，我們當然不會期望你「自助」。但如果你是健全、有能力的，我們只會在你盡力的時候幫助你。我們會幫你做一半，或者少過一半。不過你要明白，你不可以期望我們替你做所有事。現實是沒有免費午餐這回事的；一定有人要付帳的，而那個可能就是你。

我們的誘惑是假設神在這一點的想法是和我們一樣的。但神不是人。我們剛學習過，當我們太快將人性加於祂身上的時候，我們就犯了大錯。我們必須用聖經來考驗我們對神的認識；在我們把我們的屬性「屬」在祂身上之前，我們必須嘗試明白祂說過關於祂自己的事。

一方面來說，「神助自助者」這句說話是正確的。聖經警告說，不能利用神的祝福，忘掉我們應有的義務、盡我們所能事奉祂。例如保羅說，若有人不肯作工，就不可吃飯(帖後三10)。我們不可以遊手好閒，以為神會為我們做所有事。如果我們須要被救，祂會期望我們利用船或直昇機。有一些事情是我們可以先動工，然後神才會幫助我們。雅各對信徒們說：「你們親近神，神就必親近你們。」(雅四8)

但每一次「神助自助者」的情形發生時，都有十幾次「神不助自助者」的情形發生。這一點很重要。如果神不幫助那些**不能幫助自己的人**，我們會全部失喪。我們等一會會看到，只有那些知道自己不能自助的人才能得到寬恕和恩典；真的，我們的救恩開了我們的竅，讓我們明白我們絕對不能幫助自己。神甚至要給予我們接受恩典的能力！

我須要澄清，聖經沒有說「神助自助者」。這是異教徒說的。主前五百多年，說寓言的伊索這樣寫道：「神祇都會幫助那些幫助自己的人。」希臘思想家歐理派德斯(Euripides)說：「你應該先試過，然後才向神呼求。」十七世紀的赫伯特(George Herbert)說：「你幫助自己，神就會幫助你。」我們現在的句子來自富蘭克林(Benjamin Franklin)：「神助自助者。」

這句說話是恩典的敵人。而如果富蘭克林相信它，它就促成他拒絕福音。作為一個自然神論的信徒，富蘭克林相信神和天意，但他不能接受基督的神性。他是向人傳揚悔改和福音的著名佈道家懷特飛(George Whitefield)的知心朋友。雖然有三十年熱誠的和互助的友誼，在他的朋友死後，富蘭克林這樣寫：「懷特飛很多時候為我信主而祈禱，但他從未有過相信禱告已被垂聽的滿足。」[2]當他將死的時候，富蘭克林覺得他沒有必要相信福音，因為他說他很快會知道是否真的了。

我們是否能夠自助在乎我們的問題是甚麼。如果我們最急切的問題是無知，我們可以找尋教育來幫助自己。如果我們需要的是如何表達我們內心深處的情感，我們可以找心理專家。如果我們遇溺，我們可以掙扎求生，或者一個救生員就可以援助我們。很不幸，我們的問題比這些全都大得多。如果你死了，你有一個天一樣大的問題。使人復活，是只有神能夠做的事。

當我們需要救贖的時候，神必須插手拯救我們，因為我們不可能幫助自己。實在的，只要一刻我們以為可以幫助自己的時候，我們就永不會被拯救。只有從福音信息的中心，我們才可以明白我們的需要有多大和神的能力有多大。讓我向你們解釋。

我們在信主前的困難選擇

請你讀下面的經文，然後問你自己，我們能夠做甚麼去救自己的呢？「你們死在過犯罪惡之中，他叫你們活過來。那時，你們在其中行事為人，隨從今世的風俗，順服空中掌權者的首領，就是現今在悖逆之子心中運行的邪靈。」(弗二1～2) 在我們信主之前，我們**死**在過犯罪惡之中。我們不會在到達墳場之前，中途停下來，為埋在那裏的朋友買藥吧。如果他們病了，一劑適合的成藥對他們或許有幫助；但是，他們已經是無藥可救的了。同樣，在靈性上說，我們沒有基督就是死的，不只是病了；我們與神隔絕，也不能與祂聯上。

我有一位朋友，他有哲學家邊沁 (Jeremy Bentham) 的屍體的一張照片。邊沁身體被支撐在椅子上，衣冠打扮得像一位十九世紀的紳士。邊沁在生時吩咐將他的全部遺產贈給倫敦的大學學院醫院，條件是要將他的身體防腐，列席在每一次醫院董事會會議中。照我所知，這事到現今仍然在執行。他的屍體會被推到董事會會議的桌前。董事長會說：「邊沁，出席，但不投票。」自從一八三二年逝世後，邊沁從未對任何決議投過票，也沒有提出過任何動議！

出席，但不投票！沒有基督的介入，在靈性上說，我們的生命就是這樣子的。那些死了的人或許在體力上活力十足。他們能夠看歌劇，能夠賺錢，能夠到科羅拉多滑雪。是的，我們能夠做這些和其他很多很多的事。但在靈裏，沒有基督，我們是死的。也就是說，是與神完全隔絕的。

你有沒有這樣的經驗：你向別人說話，但他卻不理會你在說甚麼？他過濾和重新解釋你說的每一句話；你的字句不能入到他的心。這樣的景象，可更好地描繪出神的恩典在未介入我們生命前的情形。「惡人一出母胎就與神疏遠，一離母腹便走錯路，說謊話。他們的毒氣好像蛇的毒氣；他們好像塞耳的聾虺，不聽行法術的聲音，雖用極靈的咒語也是不聽。」(詩五十八3～5) 這並不是一幅奉承的圖畫，但當我們能更掌握我們內在真正是誰，我們就會同意這種描述並沒有誇大。

沒有神的介入，我們是盲目的。在靈性上說，任由我們的話，我們不能看到我們的需要，也掌握不到福音的奇妙。「此等不信之人被這世界的神弄瞎了心眼，不叫基督榮耀福音的光照著他們。基督本是神的像。」(林後四4) 我希望你開始明白，為甚麼我們不能「自助」。當然，當我們對

自己說，我們是活的、能聽、能看的，我們令問題更複雜化。「惡人的道好像幽暗，自己不知因甚麼跌倒。」(箴四19)

我們內心的慾望和那外在的敵人都在誤導我們。保羅說我們隨從「現今在悖逆之子心中運行的邪靈。我們從前也都在他們中間，放縱肉體的私慾，隨著肉體和心中所喜好的去行，本為可怒之子，和別人一樣」(弗二2～3)。撒但將牠的思想放在我們的腦中，使我們覺得那是自己的思想。這樣加重了我們被欺騙的慾望。如果我們只是病了，我們或者會找到醫治；如果我們只是有青光眼，一個外科醫生或可幫助我們。但我們卻是死的、盲的；怪不得我們被欺騙。

有些人認為環境是我們的問題；改變環境，就會改變我們。另外有一些人認為，我們的需要是缺少了自尊，所以我們最大的希望是心理學。是的，我們的環境是重要的，輔導也可以幫助我們；不過，兩者都不可以把我們與神連接在一起。它們不能給我們屬神的生命；不能把我們從靈性和道德的墳墓中拉出來。

神拯救我們的力量

感謝神，祂來到墳墓探望我們。

> 然而，神既有豐富的憐憫，因他愛我們的大愛，當我們死在過犯中的時候，便叫我們與基督一同活過來。你們得救是本乎恩。他又叫我們與基督耶穌一同復活，一同坐在天上，要將他極豐富的

恩典，就是他在基督耶穌裏向我們所施的恩慈，
顯明給後來的世代看。

(弗二4～7)

神在哪個時候介入的？**當我們死了的時候**。當我們不能幫助自己的時候，祂來到我們當中。我們不能參予祂選擇做的事。使人復活是一位全能神的工作。當耶穌到拉撒路的墓前時，祂不是說：「拉撒路，如果你幫助自己只這麼一點點，我就會幫助你。我並不要求很多，我會比我分內應做的做得更多；不過，你最少也要動動你的腳趾。如果你做這一點點，我會接手完成工作。」

每一個秋季學期，我在三一國際大學都會教授一個課程。今年，我也叫我的一班學生在墳場見我。我催迫他們在那裏向死人講道。在我面前的是一對死於一九一二年的夫婦的墓碑。我叫其中一位同學向他們講道，說這天是復活的日子！直到現在，每一年，每一個同學都拒絕這樣做。他們不相信我是認真的。

因此，我自己跑到墳前，大聲喊道，死者要「行出來」。然後我等候著回應。當沒有回應的時候(幸好沒有回應！)，我與一班同學開玩笑；我告訴他們，死人不能起來，只因為他們聽不到；如果我更大聲的話，他們會回應的！因此我大聲命令他們起來，因為這天是復活日。我再等待，但不出所料，沒有回應。

我然後轉向同學們，問：「我這樣做，你們認為如何？」他們都回答得對：「十分愚蠢！」但我們每一次傳講福音的

好消息時，就正是這樣愚蠢；我們命令死人起來、聾子要聽、瞎子要看！但我們也不是愚蠢的，因為神真的或會令死人起來、打開聾子的耳朵、張開瞎子的眼睛。正如保羅說的：「世人憑自己的智慧，既不認識神，神就樂意用人所當作愚拙的道理拯救那些信的人；這就是神的智慧了。」(林前一21)

當神拯救我們，祂啟動祂復活的能力。祂在我們裏面創造一些我們從未有過的東西。「若有人在基督裏，他就是新造的人，舊事已過，都變成新的了。」(林後五17) 神必須侵入我們的私人世界；祂是一定要來到我們這裏的那一位。祂不能等候我們「盡我們所能」。

讓我給你一點鼓勵。很明顯，令一個死了十年的人復活，並不比令一個死了三天的人復活難。屍體的狀況在全能的神面前沒有分別。同樣，拯救「大」罪人並不比拯救「小」罪人難。死了就是死了；復活就是復活。你或者會覺得你罪大惡極、你的過去太污穢，但神心中的恩典比你過去的罪大得多。事情不在乎我們的罪有多大，而是神大能醫治的運用。

神拯救我們的目的

神使人「復活」的目的是甚麼？保羅在以弗所書中列出兩個目的。「他又叫我們與基督耶穌一同復活，一同坐在天上，要將他極豐富的恩典，就是他在基督耶穌裏向我們所施的恩慈，顯明給後來的世代看。」(弗二6～7) 神來拯救我們的第一個目的是要展示祂的恩典；神想把我們陳列出來，以至在將來的日子，讓所有物體都確實知道祂無限的憐憫；讓天使、魔鬼、人類和一切物體都能看到神的恩慈。十字架的第一個目的永遠是指向神的。例如，保羅說神設立耶穌，「要顯明神的義」(羅三25)。

當捷臣牧師(Reverend Paul Gibson)退休不作劍橋校長的時候，學校為了尊崇他的服務，請人畫了他的肖像，並請他揭幕。在致謝詞時，捷臣牧師對畫家推崇備至。他說，將來看到畫像的人不會問：「畫中的是誰？」他們會問：「是誰畫的肖像？」同樣的，在永恆中，人不會問：「得救的是誰？」而是問：「誰是拯救者？」誰能夠將這樣的罪人抬舉到那麼顯赫和尊崇的位置呢？誰能夠將一些最不值得的人抬到與基督一同的地位，讓他們與基督一同坐在天父的右邊？

神的救恩的第二個目的是指著我們的。下列的經節中有三個詞形容神對罪人的恩典。讓我們再讀一次，強調這幾個詞：「然而，神既有豐富的**憐憫**，因他愛我們的**大愛**，當我們死在過犯中的時候，便叫我們與基督一同活過來。你們得救是本乎**恩**。」(弗二4～5)恩典將我們不應得的給予我們；憐憫將我們應得的擋開。當神拯救我們，祂得到祂想要的——榮耀；我們也得到我們想要的——祂的恩慈。

小心思想這點：當神使基督復活，那是一件關乎能力的行動；當神使我們復活，這也是一件關乎能力的行動，但也關乎憐憫。[3]基督配得復活，我們卻不配得。莫扎特的安魂曲有一句很好的歌詞：「幫助我記得，我是你的旅程的原因。」

神是否幫助自助者？作為人類，我們可能會認為我們要幫助神，我們必須做一點點事才可以得到祝福。但保羅糾正這種論調說：「做工的得工價，不算恩典，乃是該得的；惟有不做工的，只信稱罪人為義的神，他的信就算為義。」(羅四4～5) 神並不幫助那些自助者，祂只幫助那些**不能幫助自己的人**。吸引神的不是我們的力量，而是我們的軟弱；不是我們的能力有多大，而是我們的無能為力。祂是復活的神。

要記著我們信主後的善事。在保羅尖銳地教導我們得救是本乎恩之後，他立即加上這句：「我們原是他的工作，在基督耶穌裏造成的，為要叫我們行善，就是神所預備叫我們行的」(弗二10) 。在我們信主之前，神只會幫助我們當中知道不能幫助自己的人；在我們信主之後，祂幫助我們，以至我們能幫助自己。在我們從死人中復活之後，我們成為「神的同工」(林前三9) 。

將這稱為福音的好消息向別人解釋，他或會回應說：「如果救恩是免費的禮物，我接受了它之後，它就永遠是我的了。所以我可以接受它，也隨著我的喜好過生活，犯任何的罪，我也可以到天堂。」這種回應沒有理會到神介入人的內心所帶來的基本改變。當我們重生的時候，我們領受了一個新的本性，對神有新的感情和愛。救恩之後的善行可以證實我們信主的真實性。

接受恩典的難處

有兩種人難以接受神的恩典。第一種是那些充滿罪疚感的人：癮君子、酗酒的、娼妓等等。他們認為，**神對我**

那麼不滿意，祂沒有可能會接納我。當我們向他們解釋神的恩典時，他們感到太不佩接受它。

第二類難以接受神的恩典的人，是那些自義的人。他們做義工、永不會有法律麻煩；他們依期付款；只會埋頭做他們的事。這些辛勤的人基本上是忠實的。他們環顧身邊，可以看到幾十個比他們更差的人。他們會覺得神的恩典是可厭的。對他們來說，他們不能在自己的救恩上做任何事的觀念，是一種侮辱。這是為甚麼耶穌對當時那些宗教分子這樣說：「我實在告訴你們，稅吏和娼妓倒比你們先進神的國。」(太二十一31) 那些因為可以「自助」而不接受神的恩典的人是可憐的，他們錯想在審判的日子，仍然可以平平安安地過活。耶穌沒有任何東西可以給那些沒有需要的人。

我有一位在一個常常說「神助自助者」的家庭長大的朋友。少年時，他已開始作小偷。大一點的時候，他變本加厲地成為偷車賊。毒品和酒精吞食了他；他要盡量的偷竊才可以支持他的壞習慣。「神助自助者」的觀念令他走向絕望。他可以從哪裏和怎樣開始幫助自己？他立下志願改過，但卻立刻失信於自己。自殺看來會是解決他的毒癮最可行的選擇。直至當他明白神會幫助那些**不能幫助自己的人**，他才能夠信主，從他犯罪的生活方式中釋放出來。

神往往走第一步。當我們終於放棄嘗試自救的時候，祂就會到我們這裏來。正如哈伯達 (David Hubbard) 說：「在恩典這個大行動中，聖父、聖子和聖靈共同策劃將我們的生命扭轉。」[4] 我們要做的是和拉撒路做的一樣：當神呼召我們的時候回應祂。

在滅族屠殺中生還的韋新度（Simon Wiesenthal）不希望我們忘記那一段人性醜惡的歷史。他寫了一本名叫《向日葵》（*The Sunflower*）的書。在這本書裏，他盡力想解決內疚的問題。當他被關在死亡集中營的時候，有一天，他被送到一間簡陋的臨時戰地醫院。他被帶到一個臨死的納粹士兵身旁。那個士兵特別要求與一個猶太人有一些私人的談話時間。韋新度猶疑地進入病房內，不知道會發生甚麼事情。他面對著那個由頭到腳都被包紮著繃帶、受了重傷的人。這個痛苦的士兵轉向他，用微弱的聲音對他說出心底的重擔。他犯了滔天大罪：他曾放火燒毀一個猶太人的鄉村。他常常想起那些被燒死的婦女和兒童的呼救聲。他的良心沒有平安。他知道自己快要死了。他決心盡力在他所殺害的人的族人中找尋寬恕。

韋新度不能夠強迫自己答允那個垂死的人的請求。事實上他多次想抽身離去，但那個痛苦的士兵懇求他留下。那士兵需要將這件惡行從他心中抹去，他需要得到寬恕。但韋新度覺得，這種對人類的惡行，怎可以在一揮手間就忘個一乾二淨。他又不是甚麼重要人物，怎可以代表死者寬恕這個常常在夢魘中，聽到死者哭泣的青年人？

後來，韋新度思想他是否做對了，或者他應該允許那個士兵的死前願望。因此他寫信給三十二位有名望的人，徵求他們的意見。二十六位同意韋新度所作的決定：他不必認為自己可以寬恕一種對整個民族的罪行；也不能代表死者說話。其餘的六位建議，他應該更直接一點，他起碼要代自己說話，答允那個臨終的人所尋求的寬恕。

薩卡拉指出，韋新度困難的處境是真實的；但那個在臨終前尋找寬恕的納粹士兵的情況也是一樣。韋新度的確沒有可能代死者發言；他更不能代神說話。其實，那納粹士兵需要的，是神的寬恕。[5]我想指出的是另一回事：假設，你站在這個臨終的人的床邊說：「記著，神助自助者。」

我們沒有犯那個士兵同樣的罪，但我們有一共通點：我們不能夠用善行幫助自己，希望能夠藉此與神和好。簡單來說，我們欠缺神所要求我們的善。所以，雖然生活方式不同，我們和那個納粹士兵一樣，在神的聖潔面前被判有罪。如果這個士兵相信了基督，他也同樣可以進入天堂，因為神將同一種公義的禮物，送給每一個相信的人；也在他們心中，行出同樣的奇迹。

電影《末代皇帝》(*The Last Emperor*)中，被擁立為中國統治者的小孩子，有上千的太監宮女服事他，過的是豪華生活。他的弟弟問他：「如果你做錯事將會怎樣？」小皇帝回答說：「如果我做錯事，別人會被懲罰。」為了示範，他故意打破一個瓶子，一個僕人因此被責打。

在基督教的教義裏，基督比這做得更好。在影片中，皇帝犯罪，僕人被責打；在基督教的教義裏，僕人犯罪，皇帝被責打。在神的面前，我們永遠是錯的。但感謝神，基督令我們稱義。這就是恩典。

今天，我向那些不能幫助自己的人說，你愈深受你的罪孽所責，你愈有機會看到你的需要。我邀請你到滿有恩典的神面前，祂能夠幫助你建立最聖潔的信心。當我們到這地步時，我們的生命就會被改變。

因為神救眾人的恩典已經顯明出來，教訓我們除去不敬虔的心和世俗的情慾，在今世自守、公義、敬虔度日，等候所盼望的福，並等候至大的神和我們救主耶穌基督的榮耀顯現。他為我們捨了自己，要贖我們脫離一切罪惡，又潔淨我們，特作自己的子民，熱心為善。

(多二11～14)

個人的回應

你對這一章的回應，視乎你在靈命旅程中，到了那一點而定。我們這些完全倚靠基督的人，可以找一些時間敬拜神，感謝祂從我們的任性中拯救了我們。我們可以沉思這個應許：在將要來到的日子，我們會看到祂恩典無可比擬的豐盛。

你們這些可能是第一次領會你們需要神親自介入你們生命的人，是承認你不能「自助」的時候了。正如我們曾經強調的，除非你對自己的良善完全失去信心，並將你的信心完全倚靠在基督的時候，神是不能拯救你的。

耶穌說過一個故事：有兩個人到聖殿祈禱。第一個人站在那裏，為他是一個好人而讚美神。「神啊，我感謝你，我不像別人勒索、不義、姦淫，也不像這個稅吏。我一個禮拜禁食兩次，凡我所得的都捐上十分之一。」(路十八11～12)

但稅吏用不同的方法到神的面前。他「遠遠地站著，連舉目望天也不敢，只捶著胸說：『神啊！開恩可憐我這個罪人！』」(13節) 耶穌加上一句說，這人回家去，比那人倒算為義了。當關係到恩典的時候，我們能夠擺在桌上的，只可以是我們的需求。神會補足我們的不足；祂回應那些知道自己不能幫助自己的人。我們得到恩典後，我們的生命就會被改變。現在，你要告訴神，你已經開始這樣轉移你的倚靠。

奧古斯丁曾經說，恩典只可以用空空的手去接受。

註：

1. "Born Again Christians Ignorant of Faith, Survey Also Finds Hell's Description Divides Americans", *Barna Research Outline*, 18 March 1995, 1.
2. Arnold Dallimore, *George Whitefield* (Westchester, Ill.: Crossway Books, 1980), p.453.
3. John R. W. Stott, *God's New Society: The Message of Ephesians* (Downers Grove, Ill.: InterVarsity Press, 1979), p.82.
4. David Hubbard語，轉引自McCullough, *The Trivialization of God*, p.97。
5. Zacharias, *Cries of the Heart*, p.116.

思考問題

查明謊言

一、「依照巴拿研究中心的統計，大約有七十五巴仙的美國人相信『神助自助者』這句説話是出自聖經的。」

1. 你有聽過別人引用這節似乎是出於聖經的「經文」嗎？如果有的話，請描述經過。
2. 你認為為甚麼這麼多美國人相信這句説話是出自聖經的？

二、「神幫助那些幫不了自己的人。事實上，如果神不幫助那些不能幫助自己的人，我們會全部失喪。」

1. 為甚麼神只幫助那些幫不了自己的人？
2. 如果神不幫助我們的話，為甚麼我們會全部失喪？

三、「出席，但不投票！沒有基督的介入，在靈性上說，我們的生命就是這樣子的。那些死了的人或許在體力上活力十足。他們能夠看歌劇，能夠賺錢，能夠到科羅拉多滑雪。是的，我們能夠做這些和其他很多很多的事。但在靈裏，沒有基督，我們是死的。也就是說，是與神完全隔絕的。」

1. 你會怎樣向一位不參加教會聚會的人解釋靈裏的死亡？
2. 「與神完全隔絕」有甚麼意思？它在日常生活中扮演怎樣的角色？

四、「拯救『大』罪人並不比拯救『小』罪人難。死了就是死了；復活就是復活。你或者會覺得你罪大惡極、你的過去太污穢，但神心中的恩典比你過去的罪大得多。事情不在乎我們的罪有多大，而是神大能醫治的運用。」

1. 為甚麼拯救「大」罪人並不比拯救「小」罪人難？在神的眼中，罪人有「大小」之分嗎？請解釋。
2. 你有沒有請求過神把你從罪中拯救出來？如果有的話，請描述發生的經過。如果沒有的話，為甚麼沒有？

五、「當神拯救我們，祂得到祂想要的——榮耀；我們也得到我們想要的——祂的恩慈。」

1. 神拯救我們時，祂得到怎樣的榮耀？為甚麼祂想要這種「榮耀」？
2. 神拯救我們時，祂顯示給我們的是怎樣的「恩慈」？這種恩慈在今天怎樣繼續？

六、有兩種人難以接受神的恩典：

- 那些充滿罪疚感的人：他們認為，**神對我那麼不滿意，祂沒有可能會接納我**。
- 那浸沉在自義中的人：**神的恩典觸怒他們，他們覺得這是對他們的成就的一種侮辱**。

1. 你會怎樣將福音介紹給這兩種人？
2. 你是否覺得難以接受神的恩典？請解釋。

找出真理

一、讀以弗所書二章1至3節；哥林多後書四章4節。

1. 甚麼是靈裏的死亡？這種死亡有甚麼後果？

2. 甚麼是靈裏的失明？這種失明有甚麼後果？

3. 你現在的狀況是怎樣的？請解釋。

二、讀羅馬書四章4至8節，十一章5至6節。

1. 為甚麼我們不可以藉自己的工作到神那裏？

2. 為甚麼我們不可以聯合我們的工作和神的恩典到天堂去？

三、讀以弗所書二章4至6節。

1. 神怎樣介入我們當中？

2. 神為甚麼介入我們當中？

3. 神介入我們當中成就了甚麼？

四、讀哥林多前書一章21節；羅馬書十章13至15節。

1. 神用甚麼方法把我們帶到祂面前？

2. 為甚麼外人會覺得這種方法愚蠢？

3. 你認為神為甚麼要選這種方法？

五、讀哥林多後書五章17節。

1. 一個接受神的恩典的人會發生甚麼事？

2. 這怎樣改變生命中所有的東西？生命怎樣被改變？

六、讀提多書二章11至14節。

1. 神的恩典向哪些人顯現？為甚麼？

2. 這種恩典教導我們甚麼？

3. 基督再來與我們現在的行為有甚麼關係？

4. 這段經文怎樣回答這個說法：「如果我接受了基督，我所有的罪都得到赦免，我可以依照我的方式生活」？

跋

我們可以信靠祂嗎？

這個星球上存在著戰爭、貧窮、天災和令人毛骨悚然的不公義。誰能夠計算，人類為這個墮落了的世界，每小時流多少桶眼淚？我們能信靠一個隨時都可以終止這些苦難，卻不這樣做的神嗎？一個本可阻止歷史上所有蹂躪世界的大災禍的神嗎？一個本可以令希特勒死於襁褓時的神嗎？

有些人遇到很恐怖邪惡的事，以致他們要挑戰一個相信恩慈的神的信仰。對一些人說，那種信仰已經被破壞了。威塞爾為幾百萬死於滅族屠殺中的猶太人和其他種族的受害者說話。我們必須聽他的痛苦：

> 我永不會忘記那一夜，在集中營的第一夜。它令我的生命變成一個漫長的黑夜，七次被咒詛，七次被密封。我永不會忘記那些煙。我永不會忘記那些孩子的面孔。我看見他們的身體在寧靜的藍天下，變得灰飛煙滅。
>
> 我永不會忘記那些火焰，永遠地燒毀了我的信心。[1]

我們能信靠祂嗎？

在我們回答之前，讓我們感受威塞爾的字句所形容的哀感之性質、情感之痛楚和對神之失望。我們能夠明白為甚麼那些火焰可以永遠地燒毀一個人的信心；但是，在這些胡亂的邪惡面前，不相信神卻很難令人找到安慰。因為，如果神不存在的話，過去的不公義就沒有可能得到平反。我的一位猶太朋友是一個無神論者。但他承認，當他覺得希特勒永不會為他做的事受審判的時候，他的心靈很難平靜；他沒有盼望最終會有一個結算是會將事情擺平的。不相信神，不是答案。

另一方面，我們不應該認為我們可以足夠和理性地回答威塞爾的困惑。要協調人類的苦難與一個良善和有能力的神，是向我們當中最聰明的腦袋的一個挑戰。在很多神學論文寫完後，或辯論會開完後，我們仍然不明白這點。我們只可敬畏這大奇迹。史德厚 (John Stackhouse) 這樣寫道：

> 預知的神，供應世界的神，創造一切和保持一切的神，也為一切後果負責的神——這一位神只向我們顯示了一絲絲上天對宇宙的計劃。神沒有讓我們在可以理解的方法中，看見苦難的意義或瘋狂的條理。神選擇了繼續做一個奧祕。[2]

是的，神選擇了繼續做一個奧祕。俄利根 (Origen) 在他寫的書《論首要原理》(*On First Principles*) 內解釋保羅所說，神的判斷「何其難測」(羅十一33)，祂的蹤迹「何其難尋」(詩一四五3) 的意義。讀讀這些句子：

> 保羅並不是説神的判斷難以測度，而是説，完全不可能測度。他並不是説神的蹤迹難以尋找，而是説，完全不可能尋找。無論一個人尋得多遠，在學習上多進步，甚至當神的恩典幫助開導他的思想，他也永不能達到他的問題最終的目標。[3]

為了要示範信心的要求，哲學家米歇爾 (Basil Mitchell) 説了這個寓言：在戰爭的時候，一個被佔領了的國家內，一個抵抗分子在一個晚上與一個陌生人會談。這個陌生人給他很深刻的印象。他們整夜長談。那個陌生人自認是在抵抗分子那一方的，他事實上是那方的負責人。他鼓勵那個年輕人無論如何也要對他有信心。那個年輕人被那陌生人深深打動，並決定相信他。

第二天，他看到陌生人為抵抗組織作戰。他對他的朋友説：「是吧，那陌生人是我們這一方的人。」他的信心得到事實證明。

但是，到了下一天，那陌生人穿上警察制服，將愛國分子交給佔領者——他們的敵人！

年輕人的朋友對他低聲埋怨，堅持説陌生人不可能在他們的一方，因為有人看到他為敵人工作。但年輕的戰士下了決心，對陌生人投以絕對信任。

有時候，他向陌生人請求，就得到幫助；有時候他的請求得不到幫助。在這些失望的時候，他仍然確信：「那陌生人知道他在做最合適的事。」

那陌生人不分明的行為令年輕人的朋友嘲弄他的信心，說：「如果這也算是在我們這一方，那麼他愈早跑到另一方愈好！」年輕人因此面對一個抉擇：他應否下結論，那陌生人其實不是在他那一方的？還是應該無論如何也要相信下去？

這個寓言有兩個教訓。第一，我們是否能繼續相信，是依據我們與基督會面的情形而定的。如果我們在基督裏，看見神親近我們，愛護我們，寬恕我們的罪，我們就會繼續相信，即使我們在這生的苦難問題上找不到答案。馬丁路德在沉思神行事方法的奧祕時，鼓勵我們「逃離隱藏的神，跑到基督面前」。

當然，隱藏的神與那位道成肉身者是同一位。他們不是分開的神，要我們從中選擇不跟從哪一位。但正如史德厚指出，絕對是因為這兩位是同一位，馬丁路德所說的才可以站得住：「我必須逃避天意的奧祕，我們對它知得不夠，難以明白(因為神將它啟示得太少)。我們卻要跑向耶穌基督，神已藉著祂足夠地顯示了祂自己。」[4] 耶穌向我們保證，祂是為我們的；沒有事情可以將我們與祂的愛分開。但祂的行動也是不分明的：有時候祂好像不在我們這一方。我們應該怎辦？我們到哪一點才要放棄希望，說：「祂不關心我們的」？

我們信仰的持續力靠賴我們與那陌生人(基督)的關係有多深。我們愈認識祂，我們愈會信靠祂，甚至當祂的行動是混淆不清，好像不在我們這一方的時候。我們不會用我們的環境去判斷祂對我們的愛，而是用祂的應許。再一次引述史德厚：「我們可以在我們的生命中對邪惡作出正確的回應，**因為我們知道神是全善和全能的，因為我們認識耶穌**。」[5]

這是我們信心的考驗。耶穌來，是將父神向我們顯示出來。我們藉著祂明白到，當我們繼續相信祂知道甚麼是最好的時候，神是在看我們能忍耐多久。當神選擇做一些在我們想像中一位慈愛的神應該做的相反的事情時，這就是要考驗我們的忠心。假設神想創造一系列的事件，試驗我們對祂的善良和愛護的信心，祂怎樣做才是最好的呢？除了要讓人們看見祂完全行這些屬性相反的行動外，就別無他法。當祂看來是在敵人那一方時，我們還會相信祂知道甚麼是最好的嗎？我們可以無論如何也相信祂嗎？

耶穌安慰我們：「你們心裏不要憂愁；你們信神，也當信我。在我父的家裏有許多住處；若是沒有，我就早已告訴你們了。我去原是為你們預備地方去。我若去為你們預備了地方，就必再來接你們到我那裏去，我在哪裏，叫你們也在那裏。我往哪裏去，你們知道；那條路，你們也知道。」(約十四1~4)

一位女士問我：「如果祂從前不理我，我怎可以相信祂現在會理我？」幼年的她被虐待，成年的她為著自己對神的憤怒和不信任而掙扎。她不明白，為甚麼天父可以有能力，但卻不阻止她被殘暴地強姦和鞭打。感謝神，她仍然相信，雖然是很困難，靈命的成長是要寸土必爭的。是的，最終我們的信心都是靠賴我們要信靠的那一位。

這帶我們到寓言的第二個教訓：邪惡的奧祕不會在這一生有答案，卻要到下一生才有。記得嗎？有時候那陌生人好像在敵人的一方；矛盾不斷，沒有結果。但別忘記神有永恆的時間向我們解釋祂行事的奧祕(如果祂願意的話)。作為信徒，我們同意保羅所說的：「我想，現在的苦楚若比起將來要顯於我們的榮耀就不足介意了」(羅八18)；還有：「所以，我們不喪膽。外體雖然毀壞，內心卻一天新似一天。我們這至暫至輕的苦楚，要為我們成就極重無比、永遠的榮耀。原來我們不是顧念所見的，乃是顧念所不見的；因為所見的是暫時的，所不見的是永遠的」(林後四16~18)。

我們的天父是否比我們在地上的、立即供應我們需要和懇求的父親更愛我們？是的，天父比我們地上的父親所能的更愛我們，但祂有不同的優先次序。我們看重健康，天父也一樣。不過祂更看重我們的信心。祂喜歡供應食物給我們，但祂更喜歡我們能夠在饑餓中，甚至在面臨餓死的時候仍信靠祂。真的，祂會因為我們在需要祂但覺得祂不在時仍然信靠祂而歡欣。

經過多年的閱讀和思想怎樣協調這個世界的苦難和神的愛這難題，我得到的結論是，可能根本沒有一個可以接受的合情理的答案。就像我嘗試在這本書中指出，我們必須謙卑地承認，神的方法是超乎答案的。祂選擇了不將整幅砌圖完全顯示給我們看。不過，好像甘寶路(Tony Campolo)說的：「今天是星期五(受難節)，但星期天快到了！」

在施洗約翰被投入牢房之後，他開始懷疑基督是否彌賽亞。因為舊約預言彌賽亞到來時，祂會釋放囚犯(賽六十一

1）。約翰與那些相信神一定要醫治人的現代人一樣，犯上同樣的錯誤：他誤解了神的時間和祂實現應許的運作模式。

約翰坐牢的時候，基督好像與以賽亞的應許有所違背。我肯定約翰會覺得，事情對他是多麼的不公平。他在基督地上的事工中，作出了不少貢獻，卻因為公義地反對希律有罪的婚姻，而受到當場的處分。所以他派代表到基督那裏，直接地問：「那將要來的是你嗎？還是我們等候別人呢？」（太十一3）

耶穌回答時提醒約翰，奇迹正在發生。祂又說：「凡不因我跌倒的就有福了。」（太十一6）我們可以這樣意譯：「那些不因我用我的方法辦事而不高興的人就有福了。」

不說「我永不再信靠神了，因為祂不幫助我逃過不公義和虐待」的人有福了。不說「我對地獄的教義十分反感，因此不再相信聖經內的神了」的人也有福了。

明白「當我們不明白祂的作為的時候，我們必須信靠神的心意」的人有福了。知道「我們必須在神奧祕的旨意面前敬畏祂」的人有福了。無論怎樣也繼續相信的人有福了。讓神作神的人有福了。

美國偉大的佈道家之一駱列治（S. M. Lockridge）在逝世之前，寫了一首造形的詩。我節錄一部分作為本書的結語：

祂不須求助，
你也不能搞亂祂。
祂不必要你，也不必要我。
祂獨行獨往。

祂是尊嚴的，祂是獨特的。
祂是無雙的，沒有人在祂之先；
祂是至高的，超羣的。

……祂是你所能稱讚的
最好中的最好。
我想對你說，
你可以信靠祂！

神能滿足我們一切需要，
祂能同時滿足我們。
祂供應力量給弱者。
祂有時間給被誘惑和被試煉者；
祂同情，祂也看見。

祂保守，祂帶領。
祂醫治有病的。祂潔淨大痲瘋。
祂寬恕罪人。
祂赦免負債者。
祂釋放被囚禁的人。
祂保衛弱者；
祂祝福年輕的。
祂尊敬年老的；
祂獎賞勤力的。
祂美化溫馴的。

我想對你說，
你可以信靠祂！

……祂是強者的主人。
祂是勝利者的統帥。
祂是英雄的領袖。
祂是得勝者的監督。
祂是管理者的管理者。
祂是萬君之君。
祂是萬王之王。
祂是萬主之主。
你可以信靠祂！

……祂的軛是容易的，
祂的擔子是輕省的。
我願能向你描述祂！

祂是不能描述的，
因為祂是不可理解的。
祂是不可抗拒的，祂是不可征服的。
你不能將祂揮去。
你也不能將祂忘掉。
你不能比祂長壽；
沒有祂，你活不了。

……死亡不能掌管祂；
感謝神，
墳墓也埋不了祂。

祂前無古人。
祂後無來者。
祂沒有先人，
祂也沒有後代。
你不能彈劾祂，
祂也不會辭職。
你可以信靠祂！[6]

約翰在拔摩島的異象中，看到天軍唱「哈利路亞！救恩、榮耀、權能都屬乎我們的神！祂的判斷是真實公義的」(啟十九1~2) 。

是的，我們可以信靠祂。

註：

1. Elie Wiesel語，轉引自John Stackhouse, *Can God Be Trusted? Faith and the Challenge of Evil* (New York: Oxford University Press, 1998), p.47。
2. Stackhouse, *Can God Be Trusted?*, p.103.
3. Origen, *On First Principles* (New York: Harper and Row, 1966).
4. Stackhouse, *Can God Be Trusted?*, p.103.
5. Stackhouse, *Can God Be Trusted?*, p.104.
6. S. M. Lockridge, "You Can Trust Him"，載於*Reformation and Revival*, January/February 2000, 19。

譯者後記

現代社會最常聽見的兩個字，大約是「人權」。聯合國有一個「人權委員會」，負責審查每一個國家的人權標準的高低。中國「入世」之前，美國指摘中國缺乏人權；中國也同樣指摘美國缺乏人權！甚麼是人權？

在西方國家，婦女要求有墮胎的權利；同性戀者要求有同性婚姻的權利；甚至小偷也要求有人權。如果一個小偷進入你的家偷竊時受了傷的話，被控告的不是他，而是你！你侵犯了他的人權！甚麼是人權？

看樣子，世人對「人權」的解釋是：「人有權利做一些自己認為是對自己有益處的事」。

西方的無神論者也要求有人權：有權不聽神的話。於是，公立學校禁止教授聖經；在公共場所開聲祈禱可能會被檢控。「人權」比神還重要！

我們必須同意，每一個人都應該在這個世界上有生存的權利。不過，人可以將自己擺得比別人更高，令自己得到「人權」嗎？人可能比神更重要嗎？人定勝天嗎？

「人權」兩個字亦進入了現代的神學思想。不少神學家一再興起伯拉糾主義（Pelagianism）和阿民念主義（Arminianism）。

而且更變本加厲，強調人絕對的自由意志。神只可以「靠邊站」；呼之則來，揮之則去。甚至是基督的救恩，也只能是擺在自助餐桌上，隨你的自由意志，當它是頭盤、當它是甜品、或者只是醬油、調味品。反正都是免費的。得救與否，完全由人的意志所定。主耶穌只可以從旁服事服事，做個侍應生好了！

誠然，人有一定的自由意志。但他的意志是絕對自由，「無王管」的嗎？當一些人大聲疾呼：「人有絕對的自由意志！神沒有揀選人！」的時候，他目中的神有甚麼位置呢？他有可能是敬畏神的嗎？呂德夏博士說：「當聖經裏的神遺失後，罪就遺失了。罪遺失後，品行的量尺也就遺失了。當這遺失後，社會就墮落。」我覺得這個說法可以再延展一些：當「神權」被「人權」超越後，聖經的神就遺失了。可以說，本書談論的謊言的根源就是這種「人權」大於「神權」的觀念。

很多教會仍然會強調「神權」。不過，所說的是中世紀時代的「神權」(Theocracy)，也就是「僧侶政治」，教會的權力落在「僧侶」手上。僧侶說的，就是神說的。就算僧侶說的不依從聖經教訓，「非僧侶」也不得張牙舞爪。羅馬天主教的「教皇無誤說」(Papal Infallibility) 是這種神權的表表者。現代著名的神學家龔漢斯 (Hans Küng) 依照聖經提出異議，結果被羅馬教廷「除牌」，不得再在天主教內教學。這種「神權」是否變相的「人權」呢？

「人權」主義者也會強調神的愛：神愛世人，甚至完全看不到人犯的罪，因為愛能遮掩一切的罪；神不會審判人；

地獄永不會有罪人。呂德夏博士所用西乃山和錫安山的對比值得我們一再思想。作為主耶穌基督的門徒，我們是否要一個「黃大仙」式有求必應的神，還是一個幫助我們從西乃山（罪）跑向錫安山（救恩）的永生神？

是時候了，是應該反省怎樣讓神作神（let God be God）的時候了，是應該反省怎樣讓主作主（let the Lord be Lord）的時候了。

張光照

二〇〇二年八月

緊扣時代　服事教會

以文字傳揚基督真道

讀者意見表

衷心多謝你購買本社書籍。本社一直致力以出版事工服事教會，幫助信徒扎根於神的話語，促進靈命增長。為使我們的出版更能滿足你的需要，請填寫下列各項資料，並寄回或傳真予本社。

所購書籍：________________

本書最吸引你的地方：
□作者　□適切性　□文筆　□設計　□實用性
□其他：________________

購買本書地點：
□基道書樓　□基督教書店　□非基督教書店

性別：□男　□女　職業：________________

信仰：□基督徒　□非基督徒

年齡：□ 16 歲或以下　□ 17～25 歲　□ 26～35 歲
□ 36～55 歲　□ 56 歲或以上

學歷：□中三或以下　□中五　□預科
□大學　□研究院

□我欲更多了解基道出版社的事工及考慮支持，請寄給我下列資料：
□機構簡介　□新書資料　□基道會員通訊
□《基道文字事工通訊》

姓名：________________電話：________________

地址：________________

____

傳真：________________　電子郵件：________________

其他意見：________________

____

多謝賜教！

意見表可以傳真（2687-0281）或直接郵寄以下地址：
香港沙田火炭坳背灣街26號富騰工業中心1011室
基道出版社編輯部收